Shinmai Sensho 信毎選書

# 明治維新の残響

## 近代化が生んだこの国と地方のかたち

信濃毎日新聞社編集局 編

# はじめに

国と地方の意見が一致しないことが、時折ある。今もっとも深刻なのは、米軍基地を巡る沖縄県と国との対立だろう。それぞれに言い分がある上に、難しい国際情勢も絡んで、もつれた釣り糸のように解きほぐせない。

「ふるさと納税」も、国と地方の摩擦が目に見える形で現れた一例といえる。誰でも応援したい自治体に寄付できる仕組みで、２００８年に始まった。各自治体は少しでも多くの寄付を得ようと返礼品に工夫を凝らした。「地方創生」を掲げて東京一極集中の是正を目指す国は、一般論としては自治体に「待っているだけでは駄目」と自助努力を促すが、いざ本当に自治体間で競争が始まると、「ふるさと納税の本来の趣旨と異なる」として沈静化を図った。知恵を絞った自治体からすれば、はしごを外された思いだろう。

日本国内で日本人が起こす出来事であっても、視点を変えると違った見方ができる。国には国の、地方には地方の思惑がある。信濃毎日新聞文化部の取材班は、こうした視点の相対化を日本の近現代史の舞台で確かめてみたいと考えた。本書の原型となった連載「維新の残響―150年目の国と郷《さと》」の狙いである。

掲載が始まった2017年は、徳川幕府が政権を朝廷に返上した1867（慶応3）年の大政奉還から150年の年。翌18年は明治改元から150年に当たる。明治改元100年の1968（昭和43）年には、国の主導で盛大に記念事業が催された。150年はどうなるか。その時に世間がどんな空気になっているかは分からないが、単純な「お祝い」だけでは十分ではないはずだ―。そんな問題意識があった。

明治維新には、欧米諸国との緊張関係の中で、何とか国を守ろうとするエネルギーがあった。当時の政府は国策として「富国強兵」を掲げ、短期間で列強と肩を並べようとした。日本を一つにし、国力を結集して対抗しなければならなかった。

だが、視点を地方に据えると、少し違う意味合いも見えてくる。軍事や産業で即戦力となる人材を育てるためには、地方の独自性をなくし、共通の文化的プラットフォームを作る必要があった。例えば標準語。軍隊の中で方言が飛び交い意味が通じないようでは、戦争なんて行えない。明治以降の近代化は、地方の独自性をできるだけなくし、ローラーで地ならしをするように日本中を真っ平らな、文化的デコボコをなくす方向で進められてきた。

1945年の敗戦の後、表立って富国強兵を叫ぶ人はいなくなった。しかし、明治のシステムは今も生きている。地方の人材を中央に吸い上げるリクルートの仕組み。空洞化していく地方社会。基本的人権の尊重を基軸に据えた新憲法がありながら、陰では男性優位がまかり通り、受験でこっそり女性の合格者を少なくする大学—。現代社会が抱える問題は、明治以来の社会システムが動き続けた結果、生じていることが少なくない。

明治維新という歴史上の大爆発が今に伝える残響音を、信州というフィールドでキャッチする。その試みをまとめたのが本書である。

長野県の地方紙として長野県に軸足を置き、事実の掘り下げに力を注いだ。当然のことながら、日本の各地にそれぞれの歴史があり、それぞれの事情がある。本書を通じて、その当たり前のことに思いを致していただければ幸いである。

信濃毎日新聞社編集局　文化部長　三村卓也

目　次

## おことわり

・本書は、信濃毎日新聞文化面で２０１７年１月３日付から２０１８年３月31日付にかけて連載した「維新の残響　１５０年目の国と郷（さと）」（全35回）を、一部加筆修正の上、再構成しました。
・新聞連載時にはなかった肖像写真や資料写真を、関係する公的機関や団体のご協力、公開資料の使用などにより、新たに掲載した章があります。
・解説や談話などで登場する方々の肩書、年齢、研究分野は、連載紙面に掲載した時点のままとし、複数回登場する方は、原則として２回目以降、年齢と研究分野を省略しています。
・原則として故人の敬称は省略しています。

# 第1章

# 伊沢修二が目指した近代と音楽

江戸時代までの民衆にとって、「クニ」とは自分たちが生活する地域のことで、「国家」としての日本ではなかった。明治維新以降、人々はどのように国家を意識するようになったのか。明治の文部官僚・伊沢《いさわ》修二《しゅうじ》の音楽教育を手掛かりに探ってみたい。

# 愛国の日本人つくる唱歌

モーツァルトの「アイネ・クライネ・ナハトムジーク」、ハイドンの「皇帝」—。2017年2月11日、江戸時代の高遠藩（現伊那市高遠町）出身で、東京音楽学校（現東京芸術大音楽学部）の初代校長などを務めた文部官僚、伊沢修二（1851〜1917年）を顕彰する音楽祭が前年秋に30周年を迎えたのを記念して、伊那市創造館でコンサートが開かれた。17年は没後100年の節目でもある。東京芸術大の学生の弦楽四重奏で、クラシックの名曲や、唱歌「故郷《ふるさと》」「春の小川」などのメドレーを、約140人の聴衆が楽しんだ。

高遠藩の下級武士の家に長男として生まれた伊沢。日本の近代教育の基礎を築いたとされる伊沢の実像に迫ろうとする研究が、地元で進んでいる。この日はコンサートの前に、創造館所蔵の伊沢関係史料を分析している上伊那教育会所属の教員3人が、成果を発表した。

伊那市東部中教諭の下平哲さん（56）は、伊沢が障害者教育に力を入れるなどヒューマニストである一方で、「教育勅語を絶対的に信奉し、忠君愛国の教育を強力に推進した」

と指摘した。

現代の感覚では相反するように見える二つの顔。伊沢が構想した国家像とはどんなものだったのか。そこに音楽はどう関わったのか。

静岡文化芸術大（浜松市）教授の奥中康人さん（48）＝音楽史＝は、「伊沢が目指したのは憲法に基づいた政治が行われる近代立憲国家だった」とみる。そのために『『国民』をつくる教育の方法を考えていた。自分たちが『日本人だ』と認識させることに最も心を砕いていた」と解説する。

伊沢修二の台湾での教育活動や、国家主義的な教育思想などについての発表があった講演会＝2017年2月、伊那市

明治政府は「富国強兵」「殖産興業」を進める上で、愛国心を持ち、軍隊や工場で規律正しい集団行動ができる「国民」をつくろうとした。実現に向け伊沢が重視したのは、モーツァルトやハイドンといった芸術としての音楽ではなく、一体感を高める唱歌の斉唱だった。奥中さんは、

伊沢修二
（伊那市教育委員会提供）

高遠藩時代の経験に伊沢の〝原点〟があったとみている。

高遠藩は幕末に軍制を改革、西洋式の軍隊を創設した。伊沢はドラムの音で行軍のリズムを刻み、動作の合図を送る鼓手《こしゅ》となった。藩の人々がドラムの音に合わせ、一斉に行進できるヨーロッパの兵士のようになっていく過程を目の当たりにした。「教育によって『近代人』が出来上がっていくプロセスを経験した影響は大きい」と奥中さん。

伊沢は米国留学などを経て、1881（明治14）年に文部省の音楽取調《とりしらべ》掛《がかり》の掛長に就任。「唱歌」の教科書「小学唱歌集」を刊行する。「初編」には「蝶々《ちょうちょう》」「蛍」（現在の「蛍の光」）などが盛り込まれた。唱歌の教育法を学んだ教師も育て、各地に送り込んだ。

奥中さんによると、伊沢の活動の到達点は93（明治26）年の「祝日大祭日唱歌」制定だった。「君が代」「一月一日」「新嘗《にいなめ》祭」など、元日や紀元節（2月11日）などに式典で歌う8曲が、国によって定められた。歌詞と五線譜が示され、全国の学校で一律に歌われた。

伊沢が作曲した「紀元節」には「萬《よろず》の國《くに》にたぐひなき　國のみはしらたてて世を　仰ぐ

けふ（きょう）こそたのしけれ」といった歌詞がある。建国を祝い、愛国心を高揚させる意味を、明確に持たせている。

奥中さんによると、西洋では、神を思って歌う賛美歌をベースに国歌が生まれた。祝日大祭日唱歌は神を天皇に置き換えた形という。「紀元節」には賛美歌風の旋律がある。伊沢は賛美歌や五線譜、オルガンなど、西洋の産物を巧みに用い、近代化と忠君愛国思想の定着を試みた。

「北海道から沖縄まで、同じ時間に同じ歌を歌うことが効果を発揮する。全員で歌い、その中の1人が自分なんだ―という意識を持つことが重要だった」と奥中さんは言う。これは、出身地が異なる将兵が、共通の歌を通じて戦場で一体感を保ち、命懸けで戦うことにもつながっていく。

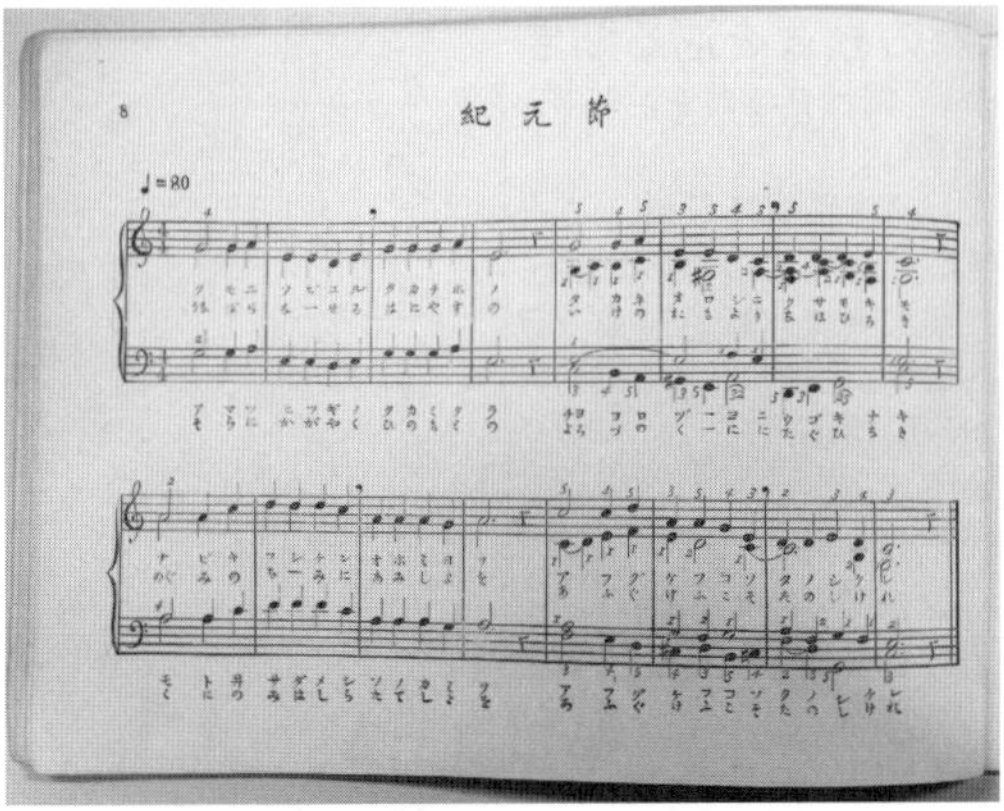

伊沢修二が作曲した「紀元節」の譜面。賛美歌や雅楽を思わせる部分があるという

## 〈歌で一体感、戦争も…〉

「もし歌がなかったら（江戸時代に）多くの藩に分かれていた国がまとまっただろうか。伊沢修二は社会や国をつくる時に何が必要か真剣に考えていた」。首都大学東京准教授の西島央《ひろし》さん（48）＝教育社会学＝は語る。唱歌を通じ「違いを押し込めて『これが日本』と思える共通の体験を持つことができた」という。

日本人としての強い一体感は、結果的に戦争をしやすくする可能性もあった。伊沢自身、意識していたのだろう。日露戦争の前年、１９０３（明治36）年6月25日付の信濃毎日新聞によると、信濃教育会総会で伊沢はこう述べている。

「教育者たるものは尚一つのことを常に胸中に収めねばならぬ。即ち今は兵器と弾薬を廢《はい》すべき時代でなくて、一朝事あらば國民悉《ことごと》く劍《けん》を執つて起《た》たねばならぬ時代であると云ふことを記憶することである」

### 明治期の教育を巡る動き

| 西暦 | 和暦 | 明治期の教育を巡る動き |
| --- | --- | --- |
| 1872年 | 明治5 | 文部省、「国民皆学」を目指す「学制」制定 |
| 79年 | 12 | 文部省、音楽取調掛設置 |
| 81年 | 14 | 伊沢修二、音楽取調掛長に就任 |
| 88年 | 21 | 伊沢、東京音楽学校（現東京芸術大）校長に就任 |
| 89年 | 22 | 大日本帝国憲法発布 |
| 90年 | 23 | 教育勅語発布 |
| 93年 | 26 | 「祝日大祭日唱歌」制定 |

## 唱歌への批判と童謡の広がり

「二ツトセ　二ツナキ身ヲ棄《す》ツルトモ自由ノ為《た》メニハ惜ミヤセヌ」「四ツトセ　世ノ中乱レヌ其法ハ民権自由ノ政治」

自由民権運動を支持する数え歌の一部だ。国会開設などを求める声が高まった明治時代前期、こうした政治的メッセージを含む数え歌が各地で歌われた。民間の流行歌で「俚《り》謡《よう》」と呼ばれた。

信州大名誉教授の中山裕一郎さん（67）＝音楽教育学＝は「大人が政治への鬱屈《うっくつ》した気持ちを晴らすように歌い、子どもたちも喜んでまねた」と話す。ただし学校では歌えなかった。「みんな隠れて歌った」という。

「長野県教育史」に俚謡の広まりを警戒する文部省の文書が載っている。「北越等ノ地方」で流行し、長野県の学校にも「伝播《でんぱ》」する兆しがあるため、県に「取締」を求める内容だ。日付は1884（明治17）年11月7日。ちょうど埼玉県で自由党員や農民が蜂起し、佐久地方も舞台となった自由民権運動の激化事件・秩父事件の最中に当たる。

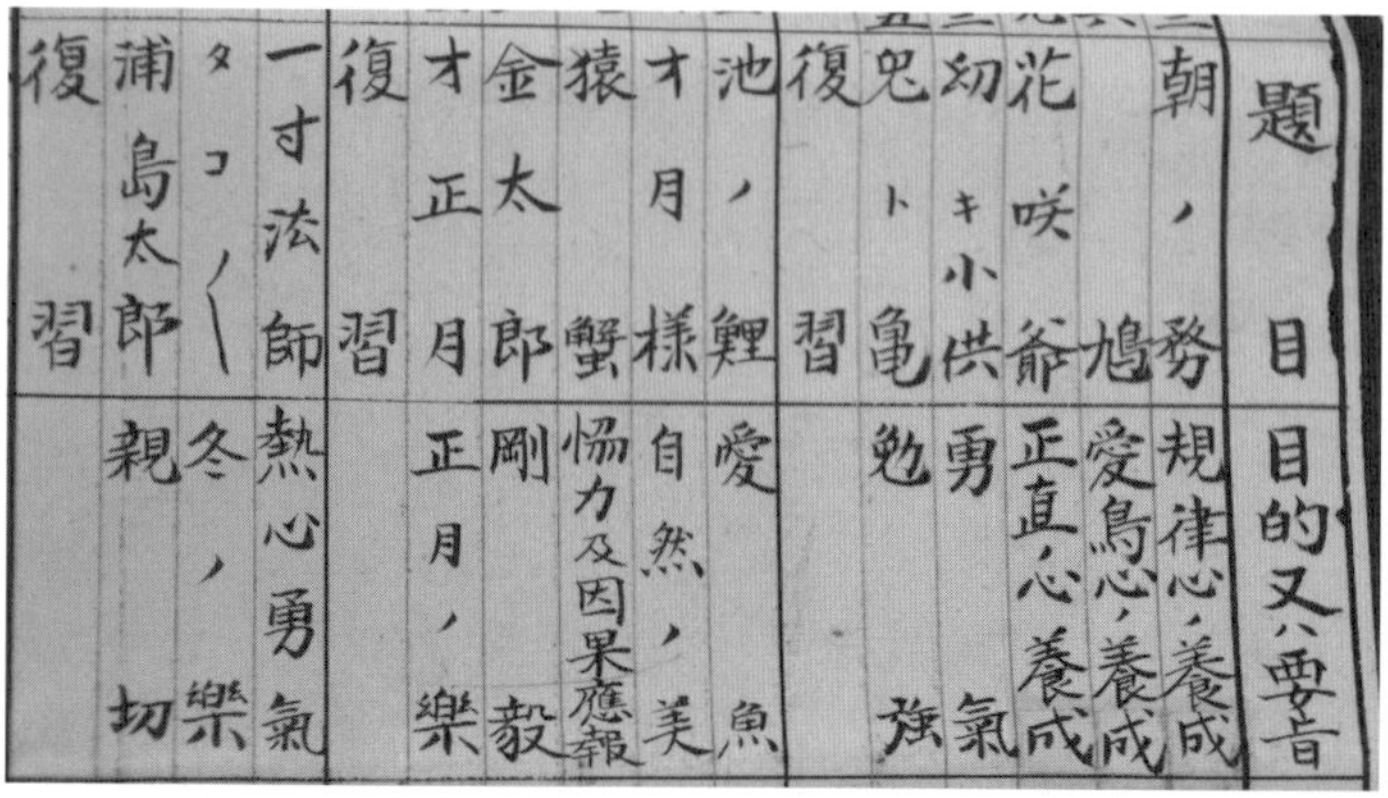

| 題目 | 目的又ハ要旨 |
|---|---|
| 朝ノ務 | 規律心ノ養成 |
| 鳩 | 愛鳥心ノ養成 |
| 花咲爺 | 正直心ノ養成 |
| 幼キ小供 | 勇氣 |
| 兎ト亀 | 勉強 |
| 復習 | |
| 池ノ鯉 | 愛魚 |
| オ月様 | 自然ノ美 |
| 猿蟹 | 協力及因果應報 |
| 金太郎 | 剛毅 |
| オ正月 | 正月ノ樂 |
| 復習 | |
| 一寸法師 | 熱心勇氣 |
| タコノ〳〵 | 冬ノ樂 |
| 浦島太郎 | 親切 |
| 復習 | |

小学校の「唱歌教授細目一覧表」（一部）。歌の名称とともに「規律心ノ養成」「勇氣」などの「目的又ハ要旨」が書かれている（松本市の旧開智学校所蔵）

文部官僚伊沢修二は、唱歌教育に規律正しく愛国心を持った「国民」が育つよう願いを込めた。国家の秩序と風俗を乱す俚謡の流行は、伊沢らにとって「とんでもないこと」（中山さん）だった。

伊沢は1881（明治14）年に文部省の音楽取調掛長となり、唱歌の教科書刊行や、唱歌を指導できる人材育成を進めた。長野県内では、82年に長野県師範学校長に就いた能勢《のせ》栄《さかえ》（1852～95年、東京出身）が教員らに唱歌を指導した。

長野県内の小学校で唱歌の授業が普及し始めるのは1880年代半ば以降。松本市の旧開智学校に残る明治時代末の「唱歌教授細目一覧表」を見ると、曲名の下に「規律心ノ養成」「勇氣《ゆうき》」「忠義」といった「目的又《また》ハ要旨《ようし》」が書かれている。「国家」を重視する唱歌教育が信州でも行われたことが分かる。

## 大正デモクラシー背景に

「シャボン玉飛んだ　屋根まで飛んだ　屋根まで飛んで　こわれて消えた」

２０１７年2月22日、中野市の中山晋平記念館で開かれた「記念館うたう会」で、30人ほどの参加者が声を合わせた。良い歌を歌い継ごうと、初めて企画された催しだ。1曲目は同市出身の作曲家中山晋平（１８８７〜１９５２年）が手掛けた「シャボン玉」。１９２２（大正11）年に発表された「童謡」だ。学校教育のための「唱歌」ではない。

最初の童謡は１９１９（大正8）年、童謡童話雑誌「赤い鳥」に楽譜と歌詞が載った「かなりや」だった。中山晋平や長野市出身の作曲家、草川信（１８９３〜１９４８年）らも児童雑誌を拠点に活躍した。「長野県教育史」によると、「てるてる坊主」「夕焼小焼」といった多くの童謡が、県内小学校の授業で歌われた記録があるという。

中山裕一郎さんは、童謡が「学校唱歌への批判から生まれた」と話す。中野市出身の国文学者高野辰之（１８７６〜１９４７年）が作詞した「故郷《ふるさと》」や「朧《おぼろ》月夜」といった唱歌

中山晋平作曲の童謡などで声を合わせる「記念館うたう会」の参加者＝2017年2月、中野市

は、名曲として親しまれている。ただ、唱歌の多くは歌詞が文語調で内容も高尚。「子どもの心や生活から懸け離れている」と批判された。一方、童謡は「言語や音への感覚に忠実に作ろうとした。国の論理ではなかった」という。

唱歌は明治期、俚謡など地域の音楽を押しのける形で国が定着させた。にもかかわらず大正時代に唱歌批判が起き、学校で童謡が歌われるようになったのはなぜなのか。

背景に「大正デモクラシー」と呼ばれる民主主義的、自由主義的な風潮があったことは間違いない。普通選挙権獲得や憲政擁護といった政治面に加え、部落解放や女性解放など個人の権利や自由を尊重する動きが多方面から起こった。教育の在り方に与えた影響は大きかった。

「長野県教育史」の編集に携わった元高校教員の伴野敬一さん（84）＝佐久市＝は大正期の教育について「形式的で国家主義的な明治の教育に対して、自由を標榜《ひょうぼう》した」と指摘する。小学校で童謡が教材になったことは、信州にも大正デモクラシーの風が吹いていたことを示している。

だが、歌が「国の論理」を離れ、子どもの心に寄り添うことができた時代は、長くは続かなかった。

## 〈「自由教育」信州でも〉

明治末期から大正時代にかけて、子どもたちの個性を尊重した教育を目指す「大正自由教育」が全国的に発展した。県内では、武者小路実篤らが１９１０（明治43）年に創刊した雑誌「白樺」に共鳴する「信州白樺派」の運動が活発となり、独自の副読本を使った読書や、つづり方（作文）など自由度の高い教育も行われた。

美術教育では、画家の山本鼎《かなえ》（１８８２〜１９４６年）を中心に、手本の模写ではなく、子どもたちが感じたものを自由に描く「自由画教育」の運動も盛んになった。

ただ、大正自由教育に対する受け止めは地域や学校によって温度差があった。「気分教育」との批判も根強かった。

24（大正13）年には、松本女子師範学校付属小学校の訓導《くんどう》（教員のこと）川井清一郎が、

| 西暦 | 和暦 | 唱歌、童謡を巡る動き |
|---|---|---|
| 1872年 | 明治5 | 文部省、「学制」を制定。「唱歌」が教科目に |
| 81年 | 14 | 文部省、「小学唱歌集」刊行 |
| 82年 | 15 | 能勢栄、長野県師範学校長着任。唱歌の指導に当たる。 |
| 83年 | 16 | 小県中学校に「唱歌伝習所」開設 |
| 1918年 | 大正7 | 雑誌「赤い鳥」創刊 |
| 19年 | 8 | 「赤い鳥」に初の童謡「かなりや」掲載 |

修身の授業で国定教科書を使わなかったことを問題視され、県から休職処分を受け、その後、退職を強いられた。

この事件について、伴野さんは「自由教育が行きすぎだ―とされ、県が抑えにかかった」とみる。30年代以降、教員や学校現場への思想的締め付けは、一層強まっていく。

# 戦時の音楽教育、地域のみ込む

## 軍国調の歌、県内音楽会に

「きしゃきしゃ　ポッポ　ポッポ　シュッポ　シュッポ　シュッポッポ」

長野市出身の作曲家、草川信が手掛けた童謡「汽車ポッポ」（富原薫作詞）の冒頭の歌詞だ。同市松代町の旧長野電鉄松代駅前には、歌詞と五線譜、汽車に手を振る子どもの絵が刻まれた歌碑が立つ。

弾むようなリズムが印象的な曲だ。信州大名誉教授の中山裕一郎さんによると、現在の曲名と歌詞になったのは戦後だという。元の曲名は「兵隊さんの汽車」。汽車に乗っているのは「ぼくら」ではなく「兵隊さん」だった。歌詞はこう続く。「ぼくらも手に手に日の丸の旗を振り振り　送りましょう　万歳　万歳　万歳　兵隊さん　兵隊さん　万々歳」

発表されたのは日中戦争の最中の１９３９（昭和14）年。文部省主導の唱歌を批判し、子どもの心に寄り添うことを目指した童謡も、戦時の空気にはあらがえなかった。

長野市の旧長野電鉄松代駅前に立つ童謡「汽車ポッポ」の歌碑。当初の歌詞は出征兵士を見送る内容だった

「大正デモクラシー」の風潮の中、信州では自由な教育を進める動きがあったが、教員への思想面での圧迫もあり、昭和になると一層圧力が強まった。長野県内の小学校で音楽はどう扱われたのか。

南佐久郡小海町出身の元林野庁職員小池茂樹さんは2005年、旧北牧村（現小海町）にあった北牧尋常高等小学校（旧北牧小学校、2012年閉校）の学校日誌などをまとめた資料集「田舎の戦争生活」を自費出版した。「長野県教育史」の編集に携わった伴野敬一さんはこれを読み、音楽会プログラムの変化に注目した。

1929（昭和4）年11月15日の音楽会では、高野辰之作詞の「春が来た」、「池の鯉」といった唱歌や、中山晋平作曲の「シャボン玉」「黄金虫」などの童謡が歌われている。

軍国色は感じられない。

曲目がはっきり変わるのは満州事変の翌年、32年３月３日の音楽会。日清戦争時の逸話を基にした軍歌「勇敢なる水兵」、唱歌「日の丸の旗」などが並ぶ。伴野さんは「戦争の足音が大きな変化を生んだ」とみる。

伴野さんによると、北牧尋常高等小学校の音楽会には同じころ、もう一つ大きな変化があった。会の冒頭に「君が代」、最後に「信濃（の）国」が加わり、全員で斉唱するのが「定番」となったのだ。

「君が代」は１８９３（明治26）年に文部省が定めた「祝日大祭日唱歌」の一曲で、祭日や入学式などの儀式で斉唱された。

「信濃の国」は、地理教育のために各地で作られた「地理唱歌」の一つ。99年に長野県師範学校教師だった浅井洌の詞に曲が付けられ、同校教師北村季晴《すえはる》が１９００年に作曲し直した。県内各地の地理や産業、歴史上の人物が織り込まれ、郷土愛と県民の一体感を高める役割を果たした。戦後の68（昭和43）年には県歌となる。

「信濃の国」は音楽会で「『君が代』のミニチュア版とされたのではないか」と伴野さんは推測する。郷土への愛着を強めれば、国家全体への愛国心も強まる。音楽会で、愛国心

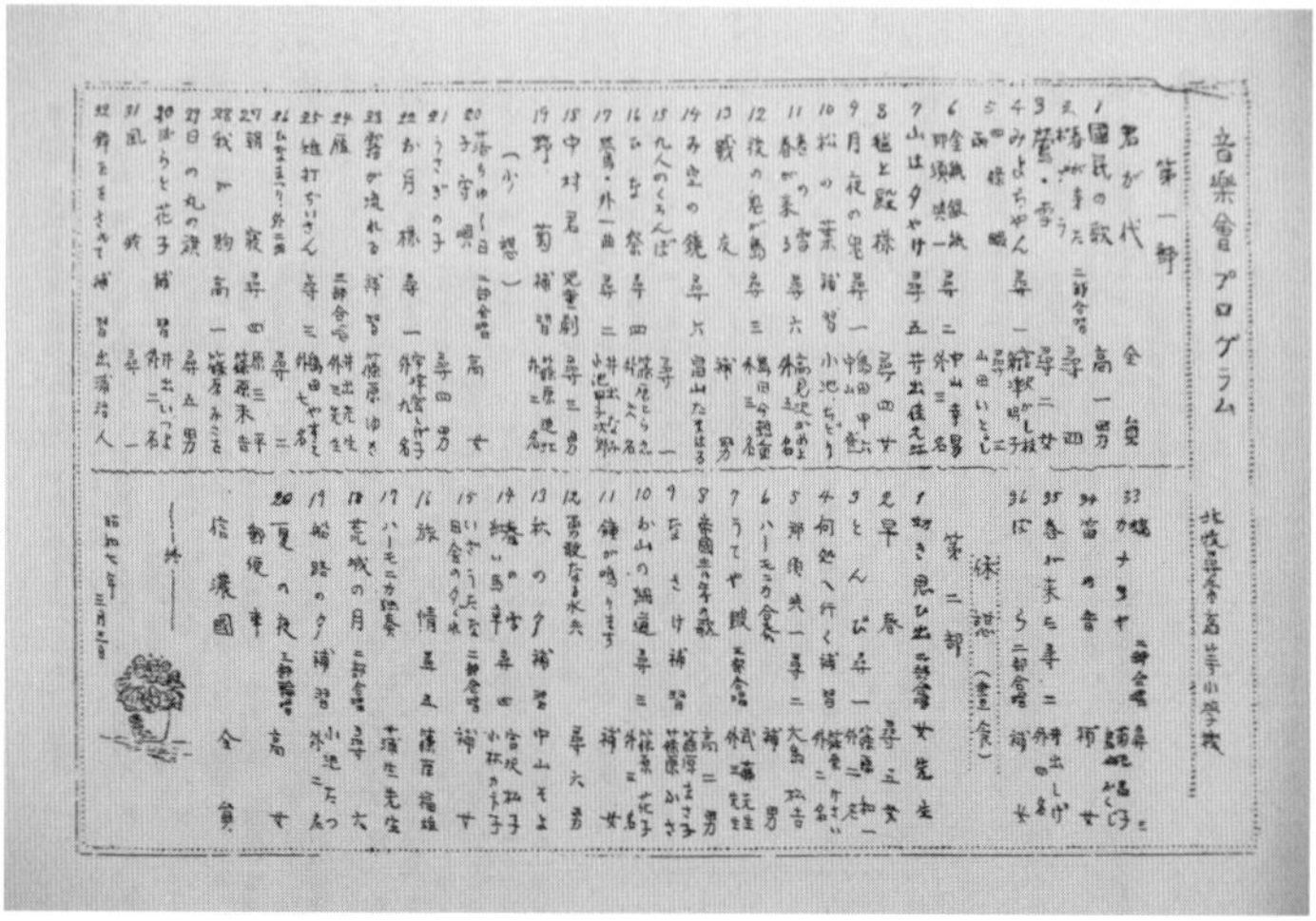


1932年3月3日に開かれた北牧尋常高等小学校の音楽会プログラム。「君が代」と「信濃の国」が歌われている（「田舎の戦争生活」所収）

の象徴「君が代」と郷土愛の象徴「信濃の国」を歌うことで、「ナショナリティー（愛国心）をうんと発揮させようとした」。

文部官僚伊沢修二が構想し、「国民」を生む原動力となった明治以降の音楽教育は、近代化を成功させた半面、地域の文化を押しつぶした。子どもの感性を重視するはずの童謡までのみ込んで、戦時体制を支える形になった。

伊沢を研究する静岡文化芸術大教授の奥中康人さんは「現代では、もう国家は出来上がっている。（あえて同じ音楽を共有しなくても）国民意識がなくなることはないのではないか」と考える。学校教育に加え、テレビなどを通じて共通の音楽や標準語が根付いているからだ。

明治時代以降、地域の音楽や文化は国家に従属する関係が続く。国家主導ではない地域文化をどう築き、自由な感性をどう担保するのか─。音楽を通じた近代化と国民形成という伊沢の構想が達成された今だからこそ、考えなければならない。

## 〈国民という意識の高揚〉

太平洋戦争開戦８カ月前の１９４１（昭和16）年４月、小学校は「国民学校」に改変された。目的は「皇國ノ道ニ則《のっと》リテ（中略）國民ノ基礎的錬成ヲ為《な》ス」ことだった。

「国民」という意識はどのようなものだろう。首都大学東京准教授の西島央《ひろし》さんは「カントリー意識」と「ネーション意識」の二つの考え方で説明する。

カントリー意識は、自然の風景や日常生活の感覚を共有することで生まれる。例えば、季節の風景を歌った「朧月夜《おぼろ》」「春の小川」などの唱歌を通じて形成されていく。

ネーション意識は、カントリー意識を前提に「他者との境目をはっきり持って、自分たちの社会のアイデンティティーを持つ」のが特徴。この意識に影響を与えたのは「皇国史

| 西暦 | 和暦 | 日本の戦争と教育を巡る動き |
|---|---|---|
| 1929年 | 昭和 4 | 世界恐慌発生 |
| 31年 | 6 | 満州事変始まる |
| 33年 | 8 | 治安維持法違反の疑いで長野県内教職員230人摘発（2・4事件） |
| 37年 | 12 | 日中戦争始まる |
| 41年 | 16 | 小学校を国民学校に改変。太平洋戦争始まる |
| 45年 | 20 | 敗戦 |

観」に基づく「君が代」など儀式で歌う唱歌だった。

ネーション意識を高揚させる教育は「行きすぎる」と危険を伴う。「『自分たちの国こそが素晴らしい』という教育は、国際関係の中で『あの国やあの国の人がいけない』という考え方につながりかねない」（西島さん）ためだ。

戦前の教育でネーション意識を高めたのは音楽だけではない。教育勅語の暗唱、日常的な神社参拝や「御真影《ごしんえい》」を納めた奉安殿《ほうあんでん》への最敬礼などを繰り返すことで、「神国日本」の意識を染み込ませていった。

**教育勅語**　「教育ニ関スル勅語」は１８９０（明治23）年、明治天皇が発布した。起草したのは、法制局長官井上毅（いのうえ・こわし）と天皇側近の儒学者元田永孚（もとだ・ながざね）。天皇が「臣民」に対して心構えや道徳を説く形をとっており、学校教育を通して浸透し、天皇・皇后の御真影（写真）と共に、天皇の神格化や軍国主義教育の精神的基盤となった。敗戦後の１９４８年、衆参両院が排除や失効を決議している。

# 第2章 民衆の政治参加

明治維新は日本の近現代の出発点となった。しかし、初めから決まった「国のかたち」があって目指したわけではない。混迷の中で、どのように未来像が描かれていったのか。信州ゆかりの人物や出来事を手掛かりに、民衆の政治参加の進展を追う。

# 上田藩士、赤松小三郎の建白書

江戸幕府が天皇に政権を返上した大政奉還（１８６７年）から１５０年の２０１７年、ネット上に「大政奉還１５０周年記念プロジェクト」のウェブサイトができた（注・現在は閉鎖）。トップ画面には、大政奉還の舞台となった二条城（京都市）の屋根越しに、徳川慶喜や坂本龍馬、西郷隆盛といった歴史上の「有名人」の写真。その中に、信州・上田藩士、赤松小三郎（１８３１〜67年）の写真も並んだ。

赤松が仲間入りしたのは、幕末にいち早く民主的な議会制度を提案し、大政奉還に影響を与えた―との説が、この10年ほどで広がりつつあるからだ。

プロジェクトは京都市が呼び掛け、鹿児島市や山口県下関市などの〝倒幕派〟から〝佐幕派〟の福島県会津若松市まで、大政奉還に縁の深い20都市が応じた。かつての対立を超え、研究や観光振興など「都市間連携による地方創生」を図るのが目標。県内からは赤松の故郷、上田市が唯一参加した。

洋式兵学者として「知る人ぞ知る」人物だった赤松が脚光を浴びるきっかけは、伊東邦夫さん（82）ら上田市民有志が２００３年、「赤松小三郎顕彰会」をつくったことだ。書籍を刊行し、記念館を設け、発信を続ける。会長の林和男さん（65）は「赤松が国内の対立を避け、新時代をつくろうとしたことに学びたい」と話す。２０１３年には上田高校関東同窓会の有志が「赤松小三郎研究会」をつくり活動している。

## 幕末に描いた「庶民」議会

赤松再評価の波は全国に広がっている。例えば、仏教大教授の青山忠正さん（66）＝明

1867年に撮影された赤松小三郎の肖像写真（上田市立博物館提供）

治維新史＝は、論文で赤松の提案に触れ、大政奉還を進言した土佐藩が「政体構想の参考に供した可能性が大きい」（２０１１年刊「講座明治維新　第2巻」所収「慶応三年一二月九日の政変」）と述べた。

赤松は数え37歳で命を落とす。その4カ月前、幕府と有力諸侯2人に7項目の建白書（建白七策）を提出した。ポイントを現代語に直して紹介すると、▽天皇支持派と幕府支持派が合体し、統一政府を確立する▽上下両院からなる国会を設ける▽上院は諸侯などから30人を、下院は国（今なら都道府県か）ごとの選挙で計１３０人を選ぶ▽国会の再議決は、天皇・内閣の拒否権を上回る―などだ。

青山さんは「西洋の議会制度は知識人に広く知られており、赤松の独創ではない」と前置きした上で、「赤松は江戸時代の『公議』の伝統に基づき、それを庶民にも拡大して近代的な議会に近い仕組みを提案した」と話す。「公議」とは話し合いで政治を進めることだ。実際に幕府は諸藩の代表を集め、根回しをしてから政令などを発していた。

「赤松の提案が受け入れられたのは、こうした土台があったから。『江戸時代は将軍らが独断で政治をしていた』という見方は、新政府が自分たちを正当化するため、人々に植え付けた面がある」と青山さんはみる。

拓殖大准教授の関良基《よしき》さん（47）＝上田市出身＝が２０１６年末に刊行した「赤松小三郎ともう一つの明治維新」が、新聞の書評やコラムなどで何度か取り上げられ、刊行から間もない17年１月に早くも増刷された。

版元の作品社は「憲法を巡る議論が起こる中、近代を問い直すような内容が反響を呼んだ」とみる。関さんは赤松の建白書を「憲法草案」と捉え、明治期の大日本帝国憲法や戦後の日本国憲法と比較しつつ論じたからだ。

| 西暦 | 和暦 | 明治維新を巡る動き |
|---|---|---|
| 1858年 | 安政５ | 日米修好通商条約を結ぶ |
| 63年 | 文久３ | 薩摩藩、英国と戦う |
| 64年 | 元治元 | 長州藩、英仏など４カ国と戦う |
| 66年 | 慶応２ | 第２次長州征伐で幕府軍敗北 |
| 67年 | ３ | 赤松小三郎、建白書を提出 |
| | | 将軍・徳川慶喜が大政奉還 |
| 68年 | | 王政復古の大号令 |
| | ４ | 戊辰戦争が起こる |

関さんの専門は森林科学だが、上田高校時代から赤松に関心を抱き、赤松小三郎研究会の発足時から会員となった。特に赤松が一般庶民からなる「下院」を提案したことに驚いたという。「下級武士だった小三郎は、財産や身分による制限を設ける考えはなかった。欧米諸国でも導入前の国が多かった普通選挙を思い描いていた」と推測する。

「国民主権や基本的人権の尊重に当たる考え方は、江戸時代からあった。戦後、米国に『押し付けられた』と考えるのは誤りだと思う」

## 〈開明的改革案、軍事と一体〉

赤松小三郎はもともと「洋式兵学者」として知られていた。砲術や兵学を学び、「英国歩兵練法」を翻訳・出版した。京都で私塾を開き、薩摩や会津などの藩士らに西洋式の兵法を教えた。門下生には日露戦争で活躍する東郷平八郎らがいた。

幕末期の日本は、欧米諸国の脅威に直面していた。長州藩や薩摩藩は実際に列強と交戦して敗北。幕府と有力諸藩は軍制改革を急いだ。西洋式の軍隊では農民や町人も兵士になるので、身分制度は邪魔になる。東京大名誉教授の宮地正人さん（73）＝日本近現代史＝は「赤松は、軍制を変えるには政治も変えなければならないと見抜いていた。ミリタリーエンジニア（洋式兵学者）だったからこそ、（身分制を超えた）議会制を提唱する必然性があった」と話す。開明的な政治改革案は軍事と一体だった。

赤松は1867年、京都で暗殺される。研究によると、殺したのは薩摩藩士のようだ。その後、歴史は、軍制改革を進めた長州や薩摩などが武力を背景に新政府を樹立する方向に進む。民衆が政治参加を求めるのは、その後になる。

上田市の上田城跡公園内にある「赤松小三郎記念館」。奥の上田招魂社社務所の一角とともに資料を揃え、4月～11月初旬の土日、祝日に開館している

# 松沢求策らの自由民権運動

「あんたが基礎をつくったおかげで国会や政党政治がしっかり行われているわ」

「求策《きゅうさく》さんが命を懸けて守ったものが、これからずっと日本を元気にしていくのよ」

2016年11月、安曇野市の穂高交流学習センターみらいで、戯曲「語りの劇場 女たちの松沢求策」が上演された。同市穂高出身の自由民権運動家、松沢求策（1855～87年）に関わった、妻や芸者など5人の女性が登場、松沢に語り掛ける内容だ。同市の俳優養成塾「あづみのアクターズアカデミア」のメンバーが熱演し、観客から喝采を浴びた。

運営の中心となったのは「松沢求策ライオンクラブ」。松沢の生家を利用した雑貨店「あづみ野バザール若松屋」を拠点とし、日頃は学習会やパンフレット製作などの顕彰活動をしている。事務局の立花ちあきさん（39）は「求策と支えた人々を若い世代にもっと知ってほしい」との思いで初めて企画したという。

2016年11月、安曇野市で上演された「語りの劇場　女たちの松沢求策」の場面

## 「国民」意識形成の回路に

明治新政府は、基本方針「五箇《か》条の御誓文」で、話し合いで政治を進めるという意味の「広ク会議ヲ興《おこ》シ万機公論ニ決スベシ」を第一に掲げた。ところが実際は薩摩・長州など、有力藩出身者が政権を独占。国会開設を求める運動を、各地の民衆が起こした。自由民権運動だ。20代の松沢もこれに加わり、全国で活躍した。

国会開設が実現したのは１８９０（明治23）年。松沢らの運動が果たした役割は大きかった。人々の声を政治に届ける権利を主張し勝ち取った点で、民主主義の階段を一段上ったといえるだろう。さらに近年は、より多様な角度から自由民権運動を捉え直

松沢求策（右端）と国会開設運動の同志たち
（安曇野市文書館所蔵）

す見方も出てきている。

例えば、慶応大准教授の松沢裕作さん（40）＝日本近代史＝は、著書「自由民権運動」（岩波新書・2016年刊）で、この運動は、先が見えない中、人々が新しい社会像をさまざまに模索する過程だった―と論じている。江戸時代の社会秩序の崩壊による不安や不満が背景にあったとする。

「戊辰戦争以降、武士以外も戦争に動員されるようになると、戦った人やその可能性のある人たちが、政治参加の権利があると考えるようになった」と松沢さんは語る。

初めは特権的な身分と禄《ろく》（給料）を失い、不満を募らせた士族が主な担い手だった。1877（明治10）年に士族が蜂起した西南戦争が鎮圧されると、運動は農民層にも広がる。徴兵制が敷かれた一方、藩はなくなり、年貢を取りまとめていた村の力も弱まった。

人々はそれまでの枠組みから解放された半面、ばらばらとなり、司法、納税、軍事などさまざまな局面で、中央政府と直接向き合わざるを得なくなった。松沢さんによると、「自由民権運動は、所属をなくして不安に襲われた人々のよりどころとなり、〝国民〟という意識が生まれる回路の一つでもあった」。

| 西暦 | 和暦 | 自由民権運動を巡る動き |
|---|---|---|
| 1874年 | 明治７ | 板垣退助らが「民撰議院設立建白書」を提出 |
| 77年 | 10 | 西南戦争 |
| 80年 | 13 | 国会期成同盟大会が開かれる<br>松沢求策らが奨匡社をつくる |
| 81年 | 14 | 国会開設の詔勅が出される |
| 89年 | 22 | 大日本帝国憲法発布 |
| 90年 | 23 | 第１回帝国議会が開かれる |
| 94年 | 27 | 日清戦争が起こる |

政府と民権派は国会開設を巡って激しく対立したが、対外的な意識は意外に近いところにあった。松沢求策も、「国会ヲ開《ひらい》テ人民ノ愛国心ヲ発揮シ、以テ国力ヲ養成スル」（「自由民権家松沢求策」より）とし、国会をつくることによって国を強くし、外国に対抗する必要を訴えている。

早稲田大教授の大日方《おびなた》純夫《すみお》さん（66）＝日本近代史、須坂市出身＝は、２０１６年秋に刊行した『『主権国家』成立の内と外』（吉川弘文館）で、この時期の動きを国際情勢と関連づけながら描いた。「政府も民権派も、欧米諸国との屈辱的な不平等条約を改正し、主権を回復するという同じ基盤に立っていた」と話す。

中国や朝鮮など近隣諸国へのまなざしも共通していた。大日方さんの念頭にあるのは、日清戦争（１８９４～95年）の時期の状況だ。国会開設当初、予算案などをめぐり政府と民選議員らが鋭く対立した。しかし、ひとたび戦争が起こると「国内の政治的な対立は棚上げされ、国家と国民が一体となってしまった」。このパターンが、昭和前期まで繰り返されることになる。

民主化が進んだと考えられている現在も、同じ恐れがないと言い切れるだろうか。

## 〈民衆の悩み解決願い〉

自由民権運動は板垣退助らが１８７４（明治7）年、「民撰議院設立建白書」を提出したのが始まりとされる。板垣は出身地の高知で結社「立志社」、全国組織の「愛国社」をつくった。

松沢求策は80年、大阪で開かれた「国会期成同盟第1回大会」に参加したほか、松本で結社「奨匡社《しょうきょうしゃ》」をつくり、上京して国会開設の請願を繰り返した。百姓一揆を題材にした芝居「民権鑑《かがみ》嘉助の面影」を書き下ろして自ら演じ、人々の共感を呼んだ。

中規模な農家出身の松沢は、税や学校建設の徴収金などの負担を一方的に課された民衆の苦しみが分かっていた。戯曲の原作を書いた地域史研究家、中島博昭さん（82）＝安曇野市＝は「求策は人々の暮らしの悩みを解決したいという願いがあった。役人ではなく、国民が主導する『民権国家』をつくる必要があると考えた」と話す。

松沢は国会の開設を待たず、代言人（弁護士）の試験問題漏えい事件に連座し、32歳で獄死した。

松沢求策が書いた国会開設を求める請願書
（安曇野市文書館所蔵）

# 中村太八郎が求めた選挙権拡大

２０１７年２月19日、現職と新人の２人が争った東筑摩郡山形村の村長選が投開票された。期日前投票を含む最終的な投票率は71・59％で、２０１３年の前回選を０・41ポイント上回った。その前に選挙戦となった01年の83・80％と比べると、12ポイントほど低い。７割超えは大都市の選挙を思えば高率とも言えるが、３割近くが棄権したという言い方もできる。

選挙権は民衆が長い闘いの末、勝ち取ったものだ。先頭に立ったのが山形村出身の中村太八郎《たはちろう》（１８６８〜１９３５年）だった。１８９０（明治23）年に国会が開かれたものの、選挙権を得たのは直接国税を15円以上納める25歳以上の男性だけで、全人口の約１％にすぎなかった。中村は納税額による制限をなくす「普通選挙」を求め97年、社会運動家の木下尚江《なおえ》（１８６９〜１９３７年）らと松本で全国初の「普通選挙期成同盟会」を発足させた。２年後には東京でも会をつくった。

同盟会の勧誘書で中村は、「金持ちばかりに選挙権を与えておけば、国会が決議する全ての法律や制度は、自然に金持ちの勝手に流れて、富者はますます富み、中以下はますます貧に陥り、社会はますます平等を失う」（現代語訳・大意）と訴えた。

中村らは28年間も運動を続け、１９２５（大正14）年、男性の普通選挙が実現した。民衆の政治参加運動の一つのピークであろう。女性たちの運動も始まった。

中村太八郎

しかし間もなく、窮屈な時代を迎えたことを、私たちは知っている。

31（昭和６）年に満州事変が起き、37年日中戦争に突入。41年には太平洋戦争が始まった。45年に決定的な敗北を喫するまで、日本は戦争の道を突き進む。

## 総力戦体制と裏腹の関係

「軍部の暴走」とされることが多いが、日本女子大教授の成田龍一さん（65）＝近現代日本史＝は、「選挙権の拡大は戦争と裏腹の関係にあった」とみる。

普選運動は日清戦争（１８９４〜95年）後に盛り上がった。偶然ではない。戦争で犠牲を払った人々が、三国干渉（フランス、ドイツ、ロシアが遼東半島を清に返還するよう日本に求めた）に屈した政府に憤り、政治参加を求めた面がある。政府も幅広い民意の結集を欲していた。第1次世界大戦（1914〜18年）で、欧州諸国が「総力戦」を経験していたからだ。

「政府は『あなたたちが選んだ代表が戦争を決めたのだから、従う義務がある』という論理で、総力戦に備えようとした」と成田さん。普選と同時に、社会主義者らを取り締まる治安維持法もセットで成立した。「あなた方は選挙権を得て〝国民〟になったのだから、国家体制に反する運動をするなという意図があった」。体制批判が封じられ、総力戦体制が固まっていく。成田さんは「デモクラシー（民主主義）が挫折してファシズムになったというより、デモクラシーとファシズムとが共振した。制度がいいかどうかよりも、それをどう使うかが問題だ」と指摘する。

**普通選挙運動を巡る動き**

| 西暦 | 和暦 | |
|---|---|---|
| 1890年 | 明治23 | 第1回帝国議会。有権者は直接国税15円以上の男性 |
| 97年 | 30 | 中村太八郎、普通選挙期成同盟会を結成 |
| 1900年 | 33 | 納税資格が直接国税10円以上に |
| 14年 | 大正3 | 第1次世界大戦が起こる |
| 19年 | 8 | 中村太八郎、下火となっていた普選運動を再興<br>納税資格が直接国税3円以上に |
| 25年 | 14 | 普通選挙法が成立。納税額の制限をなくす治安維持法成立 |

中村太八郎を紹介する冊子を執筆した信州大教授の小山茂喜さん（58）＝教育学＝は2

016年、上水内郡飯綱町の飯綱中学校で「主権者教育」を受け持った。生徒たちは住民への聞き取りで町の課題を見つけ、政策提言をつくり、町長や町議らと議論を交わした。
小山さんは「町長や議員は『偉い人』ではなく、同じ目線で政策を競い合えると分かったと思う」と狙いを語る。「太八郎の願いは社会をよくすることで、選挙はその手段だった。まずは自分たちの地域や社会の課題と向き合うことが重要だ」

「山形村ふるさと伝承館」に展示されている中村太八郎の関連資料（見学は村教育委員会に予約が必要。高校生以上有料）

２０１７年2月の山形村長選では、住民有志が告示前に、立候補予定者２人の公開討論会を開いた。実行委員長は、そば店経営の根橋昌希さん（35）。両陣営から応援を求められ、中立の立場で選挙に関わりたいと、仲間に声を掛けて企画した。18歳の高校生を含む約１２０人が集まった。

根橋さんは活動を通して、中村の功績を再認識したという。「政治離れが言われているけれど、若い世代も路線バスの増便や子育て支援など、身近な課題を考えていた。太八郎にならい人任せでなく、当事者意識を持つ人を増やすことが大切だと思う」

## 〈今も語り継がれる功績〉

中村太八郎は数え68歳で生涯を閉じた。仲間の木下尚江に比べ、全国的な知名度はやや劣る印象がある中村だが、功績は語り継がれている。

元高校教諭、瀬戸口勝義さん（77）＝岐阜県土岐市＝は２００１年、中村の新しい伝記「我が職業は普通選挙なり」を刊行した。「裕福な地主の家で育ち、小作人たちが苦しんでいるのを見た。同じ日本人なのにおかしい、という思いが原動力になった」と振り返る。

山形村教育委員会は２０１６年、信州大教授の小山茂喜さんに依頼し、冊子「中村太八郎―普通選挙運動にかけた生涯」を作った。今後、小中学校の郷土学習に活用していく。

松本市中央図書館には「普選実現運動発祥の地記念像」と、関連資料を収めた「普選文庫」がある。同市文書館の特別専門員で、松本大学の非常勤講師として地域の近現代史を教える小松芳郎さん（67）は「太八郎らの苦労を学生に話すと、『選挙に行く』と言ってくれる。まずは歴史を知ることが大切だ」と話している。

# 第3章
# 自由から統制へ

治安維持法が成立したのは1925（大正14）年。自由な雰囲気だったとされる大正期だった。近代日本が厳しい統制へと突き進んだのはなぜか。明治末から昭和初期にかけての民衆の動きと弾圧の歴史をたどり、市民と国家との関係を考える。

## 「犯行意図」で死刑―明治の大逆事件

『共謀罪（中略）』に、私たちは言論思想集会の自由と民主主義を守るために、強く反対します」。「千曲市民100年の会」が2017年6月3日付で首相と参院議長に送った声明文は、こう結ばれている。犯罪を計画段階で処罰する「共謀罪」の趣旨を盛り込んだ「テロ等準備罪」を新設する改正組織犯罪処罰法をめぐる参議院の審議が大詰めを迎えていた（※）。

同会は、明治末の「大逆事件」で犠牲になった新村《にいむら》善兵衛・忠雄の兄弟が地元の屋代町（現千曲市）出身だったことから、有志により2012年に発足。事件を学んでいる。

明治天皇を暗殺する「謀議」があったとされ、全国の26人が有罪となった大逆事件は、その多くが冤罪《えんざい》だったというのが、現在の定説だ。史実を基に「百年後の友へ　小説・大逆事件の新村忠雄」（2011年刊）を書いた作家、崎村裕さん（80）＝東御市＝は「忠雄ら数人は計画したのだろうが、実現の見込みは低かった。犯行を意図したと判定されれば、それだけで罪になった」と指摘する。

「100年の会」は17年5月の例会で、内心の自由に踏み込む「共謀罪」への反対声明

「千曲市民100年の会」が千曲市の屋代公民館で開いた2017年5月の例会。隣の生蓮寺に新村善兵衛と忠雄の墓がある

新村忠雄（「千曲市民100年の会」編集・自由民権絵巻展図録から）

を出すかどうか話し合った。

「政治的な団体と見られて、公民館を使わせてもらえなくなる」との懸念も出たが、「そういう忖度《そんたく》をさせることが政府の狙いだ」という反論に賛同が集まった。会長の森貘郎《ばくろう》さん（75）は「今後も諦めずに活動を続けたい。事件をもっと掘り下げることで、『共謀罪』の問題点もさらに明らかになっていくと思う」と話している。

## 「国体に反逆許さぬ」意思

大逆事件の発端は、信州・中川手村（現安曇野市明科中川手）にあった。

１９１０（明治43）年5月、官（国）営明科製材所の職工、宮下太吉が「爆裂弾」を作った疑いで逮捕された。これを天皇に投げ付けるという計画が発覚し、容疑は天皇への危害を企てただけでも死刑となる刑法の「大逆罪」に切り替わった。宮下はその動機を、「天子（天皇）モ我我ト同シク血ノ出ル人間テアルト言フ事ヲ知ラシメ」るため（神崎清「革命伝説2」より）などと供述した。

政府はこれを、社会主義者幸徳秋水（1871～1911年）らによる組織的な天皇暗殺計画に仕立て、新村忠雄をはじめ、彼らに関わった人々が芋づる式に検挙された。1911年1月、24人に死刑判決が下り、宮下、忠雄、幸徳ら12人に執行された（残りの12人は特赦により無期懲役に減刑）。

なつな沢を案内してくれる内川さん＝安曇野市明科中川手

明科では地元の有志が「明科大逆事件を語り継ぐ会」を2010年に発足させた。今も活動を続ける大沢慶哲さん（63）は「ものを言えない社会になっていく第一歩が、ここにあった」とみる。宮下が爆弾の実験をしたとされる「なつな沢」を案内してくれた内川美徳さん（83）は、戦時体制の息苦しさを知る。

「人の命を力で抑えるような社会に、再びしてはならないと思います」

「大逆事件は、明科でも近代化や都市化が始まった時期に起きた」。事件に関する展示を2017年に企画した安曇野市教育委員会主査の逸見大悟さん（40）は、事件の社会背景に注目する。篠ノ井線の全線開通（1902年）をきっかけに、明科駅周辺には製材所や旅館、飲食店、金融機関などが集まった。

日清・日露戦争を挟んで全国的に産業革命が進んだ。資本家と労働者の格差が広がるなか、資本主義を批判し、生活水準の平等を求める社会主義が、知識人層に知られていく。幸徳は資本家と結んだ政府を廃する「無政府共産」を主張。忠雄や宮下らはこの考えに共鳴した。だが、富国強兵の道を突き進む政府には、容認できなかった。

「明治国家は幸徳らをスケープゴート（生けにえ）にして、『国体（天皇中心の国家体制）に逆らう人間は絶対に許さない』という意思を国民に示した」。大逆事件に詳しい明治大教授の

**大逆事件を巡る動き**

| 西暦 | 和暦 | 大逆事件を巡る動き |
|---|---|---|
| 1900年 | 明治33 | 治安警察法制定 |
| 05年 | 38 | 日露戦争終わる |
| 08年 | 41 | 社会主義者が弾圧された「赤旗事件」起こる |
| 10年 | 43 | 宮下太吉、新村忠雄らが逮捕される |
| 11年 | 44 | 大逆事件判決。12人に死刑執行<br>長野県警察部に高等課、警視庁に特別高等課設置 |

山泉進さん（69）＝社会思想史＝は、事件の意味をこう指摘する。

長野県内では端緒をつかんだ警官が顕彰される一方、人々は「逆徒」を出したことを恥じ、天皇への一層の忠誠を誓った。警視庁は社会主義を取り締まる「特別高等課」を、長野県警察部は「高等課」をそれぞれ設けた。

「今も『テロ対策』と言われると、私たちは思考停止してしまう。しかし歴史はどうだったか。幸徳が述べた『国家は国民の幸福のためにある』という基本を、あらためて考えてほしい」。山泉さんはこう訴えている。

**〈大逆事件裁判で弁護　飯田出身弁護士「国民盲従」警鐘〉**

大逆事件の裁判で弁護をした一人に、現飯田市出身の弁護士、今村力三郎（1866～1954年）がいた。

今村は大正期に書いた手記「芻言《すうげん》」で裁判を振り返り、「裁判所が審理を急ぐこと、奔馬《ほんば》のごとく一の証人すらこれを許さざりしは、予の最も遺憾としたる所なり」と悔やんだ。わずか1カ月余の公判で、死刑判決が確定したからだ。「(裁判所は) 一人にても多くの無罪の人を出すことに努力すべきである。かくすることが国史の汚点を薄くする」という

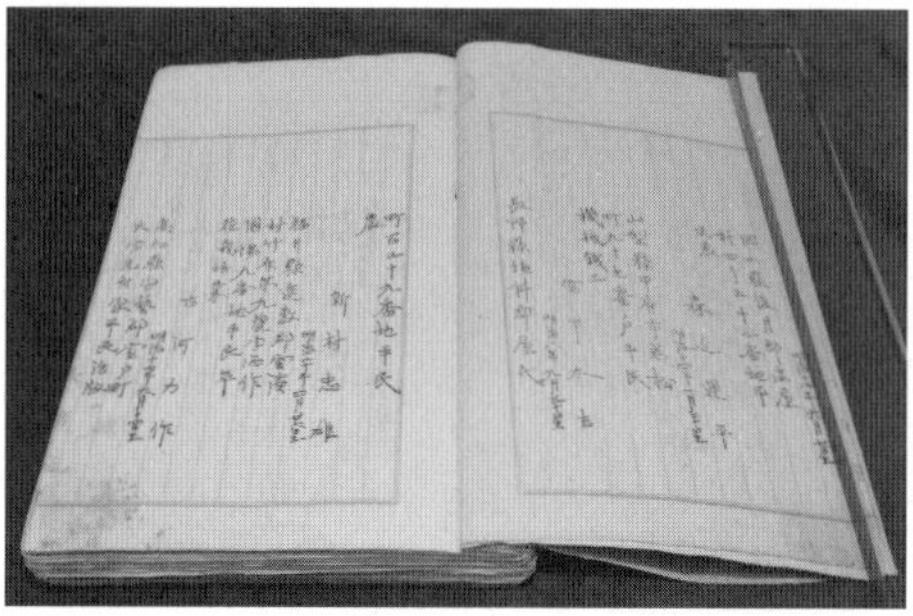

今村が残した大逆事件の判決書。宮下太吉、新村忠雄らの名前がある（専修大学所蔵）

今村力三郎（専修大学所蔵）

思いは打ち砕かれた。

今村が残した判決書などの裁判資料は、母校の専修大（東京）の図書館に保存されている。弁護士でもある専修大法科大学院教授の矢沢昇治《しょうじ》さん（69）は「冤罪が今もなくならないのは、司法も国民も、大逆事件から何も学んでこなかったからではないか」と話す。

今村は1947（昭和22）年、「（明治）憲法の保障を官憲の蹂躙《じゅうりん》に任して、羊の如《ごと》く盲従したのが日本国民であります」と述べ、再び警鐘を鳴らした。


（※）改正組織犯罪処罰法は2017年6月15日に参院本会議で可決・成立、同7月11日に施行された。

## 下伊那の青年運動と当局の弾圧

「新人の新意見、而《し》かも未開の天地を研究する大家の意見。（中略）面白い」

旧河野村（現下伊那郡豊丘村）で後に村長を務める胡桃沢盛《くるみざわもり》（※）は、18歳だった1924（大正13）年1月8日、日記にこう記した（「胡桃澤盛日記一」）。飯田町（現飯田市）で「信南自由大学」が開かれ、山本宣治（1889〜1929年、京都出身）の講義を聴いた感想だ。新鮮な感動が伝わってくる。

後に衆院議員となる生物学者の山本は、30代半ば。この日の講義は「人生生物学」で、人間の性などについての研究成果を解説した。70人余が受講した。

信南（伊那）自由大学は地元の青年たちの自主運営で、文学、経済学などさまざまな分野の講師を招き、30（昭和5）年まで23回開かれた。下伊那地方の青年運動の研究者で元高校教諭の清水迪夫《みちお》さん（76）＝下伊那郡高森町＝は「青年たちは本を買い、勉強する経済的な余裕があった」という。

大正時代、下伊那地方は蚕糸業の発達で豊かだった。自由大学の受講料は1講座3円。

当時の白米10キロとほぼ同額だが、払える青年が大勢いた。

1917年にロシア革命が起き、18年に第1次世界大戦が終結した。一時景気が悪化したが、下伊那の蚕糸業には蓄積もあり、不況の影響は小さかった。

## 「自由」と「国体」せめぎ合い

「大正デモクラシー」。1910～20年代を中心に起きた、政治、文化などさまざまな自由主義的な動きの総称である。代表格が普通選挙制を求める普選運動だ。納税額が多い者だけに選挙権を与えるのではなく、一定年齢になれば投票できるようにせよ、と求めた。

下伊那の青年運動も大正デモクラシーの波の中にあった。22年9月、「自由青年連盟」が結成され、後に社会党の参院議員となる羽生三七《はにゅうさんしち》（1904～85年）らが参加した。羽生らは23年1月、連盟の核となる組織「LYL」（リベラル・ヤングメンズ・リーグの頭文字）を創設。郡青年会などと連携して普選運動を展開、「過激社会運動取締法案」には反対した。

飯田市立中央図書館には、同連盟の機関紙「第一線」が保存されている。第1号（23年4月発行）の1面では「反動勢力を粉砕《ふんさい》せよ」と、地域の有力者層を強い表現で批判。2

自由青年連盟の機関誌「第一線」の第1号。警察に没収され発売禁止となった（飯田市立中央図書館所蔵）

面には「全國の無産青年團結《だんけつ》せよ」と呼びかける「檄《げき》」が載る。

ロシア革命から間もない時期に、日本の社会主義化、共産主義化を警戒する当局は、青年たちの活動を監視し、弾圧した。「LYL事件」である。「長野県史」によると24年3月、羽生ら26人の青年が一斉摘発された。19人が治安警察法違反などの罪で起訴。同年9月、政府は連盟の結社禁止を決めた。

10月には県警察部が特別高等警察課を設置し、下伊那の青年たちへの圧力は一層強まった。青年たちは屈せず、「政治研究会下伊那支部」を新たに設立。普選運動や治安法制への反対運動を続けた。そして25年5月、ついに男子普通選挙制が公布された。大正デモクラシーの到達点だろう。

自由青年連盟は、ソ連のような共産主義国家樹立を目指していたのだろうか。

「共産主義運動と直接の関係はなかった。本質は一種のヒューマニズム運動」。長野県短期大学長の上條宏之さん（81）＝日本近代史＝はこう考える。当時は不況や経済格差の拡大から、小作争議が頻発、労働運動や部落解放運動も盛り上がった。連盟の活動も、一連の流れの中に位置づけられるという。

大正デモクラシー期は「戦前の中では、価値観の幅が広がった時代」と上條さんは言う。しかし、天皇を頂点とする「国体」を傷つける、と当局に見なされた活動は、芽の段階で摘み取られる。

普通選挙法は成立したが、選挙権年齢は25歳から下がらず、女性参政権は実現しなかった。さらに、普選法公布の直前に治安維持法が公布された。国体の変革を目指す結社などを取り締まれるようになり、政治運動や言論活動への弾圧は一層強まった。

上條さんは「アメとムチが抱き合わせになって、社会主義的なものがシャットアウトされ、（選挙で）貧しい人を救済するという視点が落ちてしまった」と指摘する。

| 西暦 | 和暦 | 下伊那の青年運動と思想統制の動き |
|---|---|---|
| 1922年 | 大正11 | 9月　自由青年連盟設立 |
| 23年 | 12 | 1月　LYL創設 |
| 24年 | 13 | 1月　信南自由大学の初講義開催 |
| | | 3月　LYL事件発生。羽生三七ら26人検挙 |
| | | 10月　政府の命令で自由青年連盟解散 |
| 25年 | 14 | 普通選挙法と治安維持法成立 |
| 28年 | 昭和3 | 治安維持法の最高刑が死刑に。「目的遂行罪」新設 |

## 〈県内事件、制定理由に　治安維持法、研究者も摘発〉

1925（大正14）年に成立した治安維持法は、第1次世界大戦（1914〜18年）後に盛り上がった社会運動、特に日本共産党を中心とする革命運動を抑止する目的で制定された。当時の司法大臣小川平吉（諏訪郡富士見町出身）は、衆議院の委員会審議で「長野ノ方面等ニ秘密結社ガ出来」たことを問題視しており、LYL事件が同法制定の理由の一つとされたことが分かる。

治安維持法は、28（昭和3）年、田中義一内閣の時に改悪される。最高刑を死刑に引き上げ、法の対象範囲を「結社ノ目的遂行ノ為ニスル行為ヲ為シタル者」に広げた（目的遂行罪）。目的遂行罪によって、共産党の「目的遂行」のための行為をしたと見なされた労働運動や文化運動も同法で処罰された。

制定時の委員会審議で小川は、学者が共産主義や無政府主義についての意見を公表することなどは「此《この》法律ニ於《おい》テハ罰シナイ」と明言していた。しかし、実際は研究者も対象となった。唯物論研究会の指導者として知られる哲学者戸坂潤は38年、同法違反で摘発され、敗戦直前の45年8月9日、長野刑務所で獄死した。

信南自由大学などを通じ、下伊那の青年たちに影響を与えた山本宣治は28年、普選導入後初の衆院選に労働農民党から立候補し当選。治安維持法改悪に反対する。しかし、上田市内で講演した4日後の29年3月5日、右翼に刺殺された。同市別所温泉の安楽寺近くには山本をしのぶ記念碑が残る。

中央が山本宣治の記念碑。右は信南（伊那）自由大学でたびたび講師を務めた文学者高倉輝（タカクラ・テル）の碑＝上田市別所温泉

（※）**胡桃沢 盛**　1905（明治38）年、下伊那郡河野村で自作農兼地主の長男として生まれる。日中戦争下の40（昭和15）年に35歳で村長に就任し、村政に奔走。国策の満州への分村移民を推進する。敗戦後の46年7月末、41歳で自ら命を絶った。青年時代の1923（大正12）年1月1日から自死直前の46年7月16日まで23年半に及ぶ膨大な日記を残し、飯田市歴史研究所の近現代史ゼミに参加する市民らが2007年から3年がかりで翻刻、2013年までに「胡桃澤盛日記」として全6巻が刊行された。

## 松本の教育弾圧「川井訓導事件」

「国や県の命令を聞かないからと見せしめにされた。児童のことを思ってやった教育を否定され、狙い撃ちにされたのです」

2017年7月、松本大学（松本市新村）の教室。非常勤講師を務める小松芳郎さん＝松本市文書館特別専門員＝は、「地域の歴史」の講義で、1924（大正13）年の「川井訓導《くんどう》事件」を教育学部の学生らに解説した。事件は学校教育弾圧の典型として知られる。

経過はこうだ。24年5月、文部次官が全国の知事らに、教科書の内容を解説した本などを副教科書や参考書として使うことを厳重に取り締まるよう通達を出した。これを受け、長野県は修身（道徳教育）や国語で解説書を教科書として使うことなどを「厳禁スル」と各郡市長に通知した。

9月5日、文部省の視学委員が、長野県松本女子師範学校付属小学校（現信州大学教育学部付属松本小学校）を視察した。訓導（教員）川井清一郎は、修身の授業で森鷗外の小説「護持院ケ原の敵討」を教材に使った。それを見た県学務課長は、国定教科書を使って

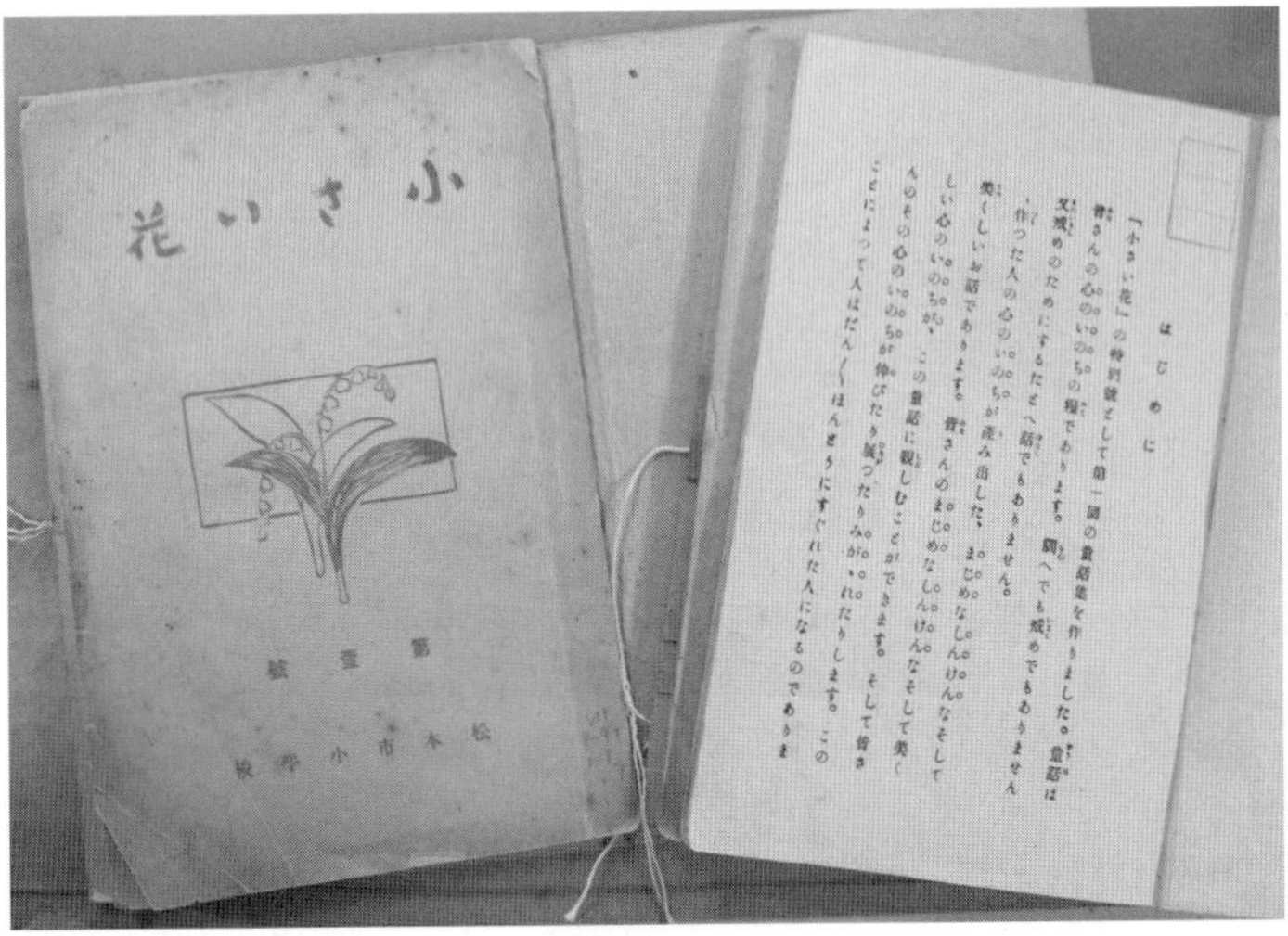

「小さい花」第1号（左）と「童話号」として発行された第3号（旧開智学校所蔵）

いないことを厳しく批判。川井は休職処分を受けた。

当時、普選運動や労働運動が盛り上がり、政府は治安法制の強化を狙っていた。小松さんは「国にとっては自由や権利を重視する教育が出てくると困るので、抑えようとした」とみる。県は国の方針を受け、さらに教育への統制を強めた。

## 自由教育も「赤化の温床」

明治末から大正時代にかけて、学校教育の現場では、子どもの個性を重視する「大正自由教育」が流行した。松本市立松本尋常高等小学校（旧開智学

松本大で「川井訓導事件」について講義する小松芳郎さんと学生たち

校）で21（大正10）年に創刊された文集雑誌「小さい花」第1号には、児童の詩や綴方《つづりかた》（作文）の他、当時の同校開智部長による次のような文章が収録されている。

「皆さんの生《うま》れついた、まつすぐな心（中略）伸び伸びて新らしい世界を作る心、その心の最もよいかてとしてえらばれたこの本のできたのを、私は心から喜び祝ふのであります」

川井訓導のように独自の副教材を使った授業や、手本の模写ではなく子どもたちが感じたものを描く「自由画教育」も、各地で行われた。

ただし、大正自由教育への批判も多かった。決められた教育内容から外れ、教員が勝手気ままに行う「気分教育」だとして、県や郡当局が現場に介入する場合もあった。川井訓導事件はその一つだ。

事件後に川井本人が書いた、修身教科書の取り扱いについての「意見」（「長野県教育史」所収）を読むと、国の方針に反対しようとしていたわけではなかった。教科書の内容は「勅語（教育勅語）の聖旨に基づく恒久不変の我が国民道徳で、その趣旨に何等異論のある筈《はず》はない」と主張。鷗外の小説を通じて児童の感動を呼び起こし、後に国定教科書を使えば「孝行」「克己」などの道徳意識をより理解しやすくなると考えた―としている。

「川井は共産主義とは全く関係ないのに『赤』というレッテルを貼られ、つぶされた」。川井訓導事件の論文を書いた京都市学校歴史博物館学芸員の和崎《わさき》光太郎さん（39）が指摘する。

師範学校時代の川井清一郎＝1914年3月（小松芳郎さん提供）

根拠は1924年というタイミングだ。当時、ソ連が勢力を伸ばし、共産主義革命への不安が高まっていた。関東大震災直後の23年11月には、社会の動揺を抑え、個人主義や社会主義の台頭に備える「国民精神作興ニ関スル詔書」が発布される。そんな中、国の方針から外れると見なされた「気分教育」を赤化の温床とする見方が強まり、県もその空気をあおった。川井は24年10月、「家事上ノ都合」を理由に退職願を出し、信州を去る。

和崎さんによると、川井訓導事件の半年ほど前、上飯田村（現飯田市）の上飯田小学校火災の放火犯とされた訓導が「赤化思想に染まっていた」と事実無根（真犯人が後に捕まった）の批判を受けるなど、「赤」のレッテル貼りが横行した。それが戦時中の「非国民」糾弾へとつながっていく。

そのパターンは戦後70年余を経た今も変わらない。例えば「テロ対策」や「安全・安心」をうたった政策に反対すれば、ネット上で「反日」や「テロリスト」とレッテルを貼られる。それでは議論が深まらないままだ。和崎さんは警告する。「レッテル貼りで思想をつぶすという発想から自由にならないと、歴史が繰り返されてしまう」

## 〈「個性」さえ帝国主義を生き抜くため〉

１９１０～20年代を中心に展開した自由で民主的な「大正デモクラシー」の風潮を受け、子どもたちの個性を尊重し、伸ばすことに重点が置かれた「大正自由教育」。天皇を頂点とする「国体」思想を前提とした「教育勅語」とはどんな関係だったのか。

立教大教授の前田一男さん（61）＝日本近代教育史＝は「大正自由教育と教育勅語の精神は矛盾しなかった」と指摘する。川井清一郎が、教科書ではなく森鷗外の小説を使った点についても、教育勅語の精神を「再解釈しながらさらに深めようとする工夫だった」と説明する。

前田さんによると、普選運動が盛り上がり、参政権が拡大する中、立憲君主制を支える「有能な公民」を育てる教育も行われた。千葉県内の小学校では学級委員の選挙を導入した例があるという。欧米列強との激しい競争を強いられる帝国主義の時代。有能な軍人や官僚、経済人を育てる必要があった。

和崎さんは「型にはめた押しつけ教育ではなく、一人一人の個性と主体性を生かして、持ち前の能力を存分に発揮できるようにならないと帝国主義の世の中では生き残れない、という発想が大正自由教育の源流にあった」と話している。

# 社会運動弾圧の「総決算」

## 見せしめだった「二・四事件」

「戦慄《せんりつ》！　教育赤化の全貌」

「教育界未曾有《みぞう》の大不祥事」

１９３３（昭和８）年９月15日発行の信濃毎日新聞号外だ。長野県内の教職員ら計６０８人が治安維持法違反の疑いで摘発された「二・四事件」を報じている。その名の通り摘発は２月に始まり、６月ごろまで続いた。

報道規制が解けた９月に号外が出た。センセーショナルな見出しから、「教員赤化事件」として報道された当時の衝撃が伝わる。

２０１７年２月下旬、長野県教職員組合などでつくる実行委員会は、二・四事件を学ぶ集会を長野市で開いた。約１４０人が参加した。市内に住む元小学校教諭の今井昌美さん（79）と久保田千足さん（74）が、弾圧を受けた教員の生涯を調べ、報告した。

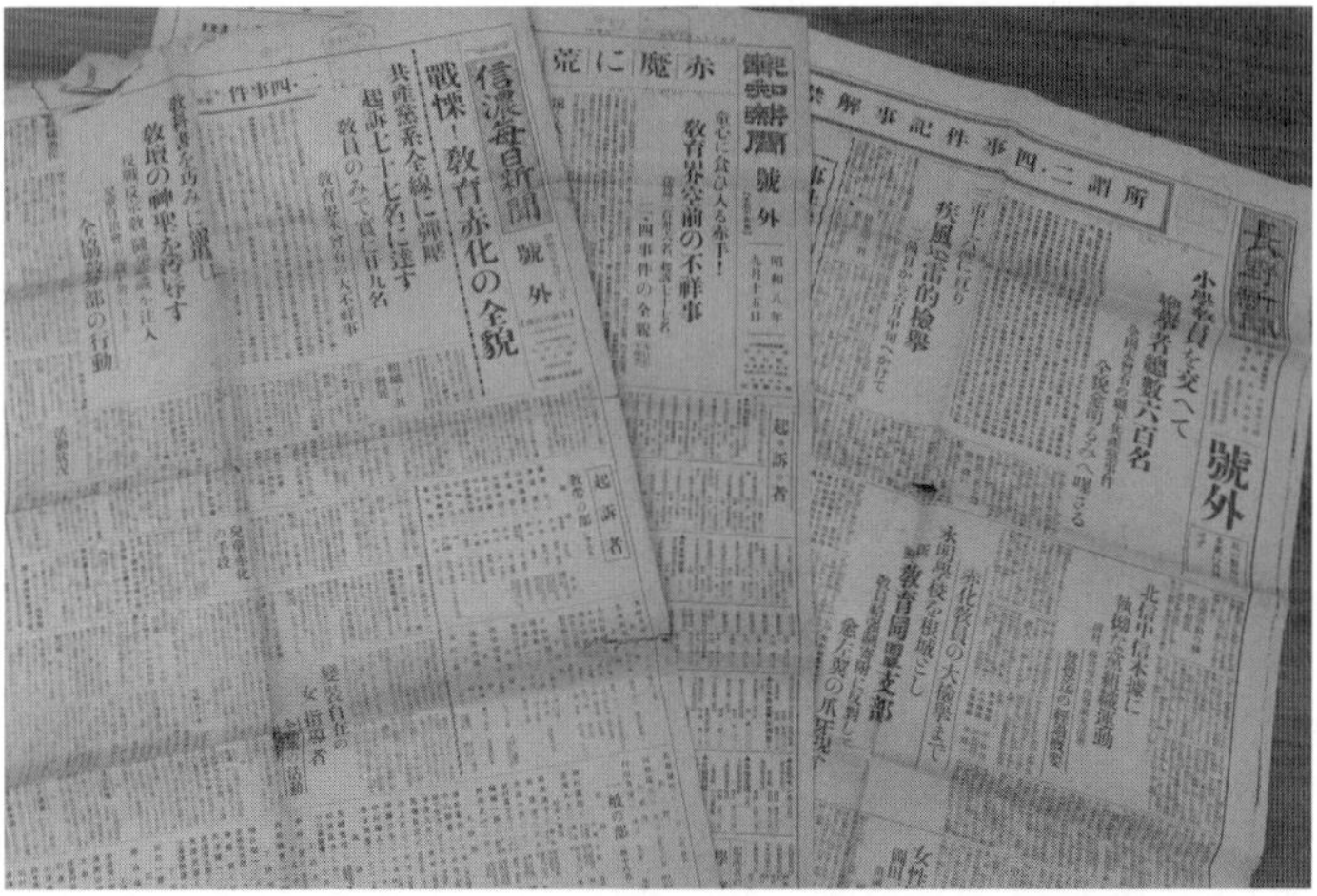


「二・四事件」について報じる1933年9月15日付の新聞号外。左から「信濃毎日新聞」「報知新聞」「長野新聞」（県立長野図書館所蔵）

折しも、「共謀罪」の趣旨を含む組織犯罪処罰法改正案の閣議決定を控えた時期だった。参加者から「二・四事件は昔話ではなく今も教訓になる」「若者が事件について学ぶ場があるといい」と発言が相次いだ。

同法が可決、成立した17年6月15日、今井さんと久保田さんに二・四事件の実像を聞いた。久保田さんは「子どもや地域の困窮を目にした教師たちが、社会や経済の仕組みの矛盾に目覚めた」と背景を説明する。彼らは読書会をつくり、マルクス主義を学んだ。こうした活動が共産党につながっていると見なされたが、今井さんは「ほとんどの教員は無関係だった」と語る。「でっち上げ事件というのが真相だ」
事件後、教育現場は萎縮する。久保田さんによると「教師たちが世の中のことから目を背け、囲碁など趣味に熱中するようになった」。信州の教育界は国策に沿う方向へとかじを切り、後に「満蒙開拓青少年義勇軍（※）」の送出を率先して進めることになる。

１９２９年に起きた世界恐慌の影響で生糸価格が暴落し、製糸業が盛んだった信州の経済は大打撃を受けた。小作争議や労働争議が頻発する世相の中で二・四事件は起きた。影響は教育界にとどまらなかった。事件で摘発された６０８人のうち、教職員は２３０人で４割弱。他は共産党員や農民・労働運動などの活動家だった。大正デモクラシーの風を受けた信州の社会運動は、事件を境に停止する。

県警察部は二・四事件の成果を記している。「ＬＹＬ事件以来胚胎《はいたい》セル共産主義運動ノ諸形態ヲ網羅シテ余サズ（中略）根底ヨリ潰滅《かいめつ》セシメテ総決算ヲ終レルノ観アリ」（「長野県史」所収）

「二・四事件」関係の資料を手にする今井昌美さん（左）と久保田千足さん

事件には、治安・思想対策を担当する内務省警保局も関わった。立教大教授の前田一男さんは、思想統制の効果が「全国に波及するような、象徴的な場所を弾圧した」とみる。教育県として知られ、社会運動が盛んな長野県を、見せしめにしたというのだ。

地域の社会運動弾圧の動きは足元からも湧き上がる。二・四事件での摘発が始まった直後の33年3月、上田小県地方では市町村長らが「上小思想対策委員会」を結成した。

上田小県近現代史研究会長の小平千文さん（74）＝上田市＝によると、委員会は「赤化共産化」した教員への厳罰を司法・文部両大臣に建議したり、「左傾思想宣伝扇動」の取り締まり徹底を県知事に求めたりすることなどを決議した。

上小地方は大正期に自由大学運動や自由画教育運動が発展し、農民運動も活発だった。小平さんは、委員会結成はその反動とみる。当時、恐慌で疲弊した農村の「更生」を目指す運動が進んでいた。「一致協力しないといけない、ごたごたを起こす勢力はいらない―とされた」

大正デモクラシーはなぜ衰退したのか。長野県短期大学長の上條宏之さんは、1923（大正12）年に起きた関東大震災の影響を指摘する。明治以降築いてきた文明が震災で崩れ、社会が動揺する中で「次のビジョンを描けなかった」。国家が頼ったのが天皇制を絶対視する「国体」の思想と治安維持法だった。

東日本大震災を経験し、「共謀罪」を盛り込んだ法が施行された現代は、大正デモクラシーの崩壊期と「よく似ている」と上條さんは言う。戦前の「国体」や、赤化への弾圧のような、権力側に都合のいい思想や政策は「政治への無関心という隙を突いて浸透してくる」と警告する。

| 西暦 | 和暦 | 思想弾圧と戦争を巡る動き |
|---|---|---|
| 1929年 | 昭和 4 | 世界恐慌が発生 |
| 31年 | 6 | 満州事変が始まる |
| 33年 | 8 | 二・四事件発生。治安維持法違反の疑いで長野県内の608人検挙<br>滝川事件発生 |
| 35年 | 10 | 天皇機関説事件発生 |
| 37年 | 12 | 日中戦争始まる<br>「国民精神総動員運動」始まる |
| 41年 | 16 | 太平洋戦争始まる |
| 45年 | 20 | 敗戦 |

## 〈学者の弾圧、「国体」思想広める動き〉

二・四事件が起きた１９３３（昭和８）年は、世界恐慌発生による不安定な経済状況や、31年の満州事変後の国際的な孤立を背景に、政府が思想対策を強めた時期になる。

例えば33年４月、内務省は、自由主義的な思想を持つとされた京都帝大教授滝川幸辰《ゆきとき》の著書「刑法読本」を発禁処分にした。文部省は、滝川の辞任を要求。大学側が拒否したが、文部省は５月、滝川の休職を一方的に決定した。

自由主義的な学者を標的とした弾圧はその後も続く。35年には軍部や右翼が、憲法学者美濃部達吉が唱える「天皇機関説」を攻撃する「国体明徴《めいちょう》運動」を起こした。岡田啓介内閣は美濃部の著書を発禁とし、美濃部は貴族院議員辞任に追い込まれる。

天皇機関説事件以降、思想と言論の統制は一層強まる。日中戦争直前の37年５月には、「万世一系」の天皇が統治する国家体制「国体」の思想を広めるため、文部省が「国体の本義」を発行。日中戦争が始まると、近衛文麿内閣は「挙国一致」「尽忠報国」「堅忍持久」を目標に掲げた「国民精神総動員運動」を展開した。

（※）**満蒙開拓青少年義勇軍**　日本は明治初期から対外膨張政策を採り、日清、日露戦争を経て満州の一部に権益を得た。日本の関東軍は１９３１（昭和６）年、満州事変を起こして満州を制圧。翌年「満州国」を建国した。日本は満州への農業移民策を進め、38年から10代の少年による移民団「満蒙開拓青少年義勇軍」を送り込んだ。軍事訓練も受けさせた。県内からは都道府県別で最多の約６６００人を送出した。45年８月、ソ連が満州に侵攻。捕虜となってシベリアに送られる隊員も少なくなかった。

# 第4章
# 「家」という秩序

日本は世界114位―。「世界経済フォーラム」2017年版の「男女格差報告」の結果だ。憲法は両性の平等を定めるが、今も女性が不利となる場面は少なくない。近代における信州の女性たちの動きと背景を追いながら、現状を変える手掛かりを探る。

## 家制度と松井須磨子の悲嘆

「結婚式の直前になって、『息子を取られてしまうような気がする』と義母が反対したんです。〝家〟という意識が、どこかに残っていたんでしょうね」

信州大名誉教授の松岡英子さん（66）＝長野市、家族社会学＝は、結婚を控えた35年ほど前の「ごたごた」を、よく覚えている。仕事を続ける上で自分の姓を変えたくないと、事前に話し合って夫が姓を変えることにしたが、結局は実現しなかった。

### 女性差別、明治期に固定化

民法は、結婚時に「（夫婦は）夫又は妻の氏を称する」と定める。しかし、現状は96％で妻が姓を変える。女性の社会進出などに伴い、不利益を指摘する声が大きくなったが、最高裁は2015年に「個人の尊厳と両性の本質的平等」をうたう憲法24条に違反しない―との判断を示した。

民法は、女性だけに再婚禁止期間も設ける。16年の改正で100日に短縮されたが、国連女性差別撤廃委員会は完全廃止を勧告している。

こうした規定のもととなった民法（明治民法）が施行されたのは、1898（明治31）年だった。

長野市松代町の旧樋口家住宅で2018年1月、須磨子を紹介する展示に合わせて開いたギャラリートーク。須磨子の写真などが映し出された

ちょうどその頃、結婚の夢に破れた一人の少女がいた。現長野市松代町出身で、名は小林正子。後の女優・松井須磨子（1886〜1919年）だ。千葉県で旅館業を営む家に17歳で嫁入りし、わずかの期間で離婚した。

須磨子の評伝「ふるさとは、ありがたきかな」を2004年に出版した長野市の文学研究家、堀井正子さんは、旅館業の家の縁者という男性から、「須磨子との結婚は『足入れ』（お試し婚）だった。こちらでは須磨子をお客さん扱いした」などと書かれた手紙を受け

| 西暦 | 和暦 | 松井須磨子が生きた時代 |
| --- | --- | --- |
| 1886年 | 明治 19 | 須磨子誕生。平塚らいてうも同年生まれ |
| 98年 | 31 | 明治民法施行 |
| 1903年 | 36 | 須磨子、最初の結婚 |
| 09年 | 42 | 文芸協会演劇研究所に入所 |
| 11年 | 44 | 「人形の家」でノラを演じる |
| 14年 | 大正 3 | 「復活」でカチューシャを演じ大ヒット |
| 19年 | 8 | 1月5日、自殺 |

取った。

調べると「旅館の女将《おかみ》に向いていない、子を産めそうにない」との理由で半月しないうちに帰した―と、結婚相手の息子が記した本が見つかった。

堀井さんは「(選ぶ)権利のない女性にとって、結婚はいかに大変なことか理解されていない」と批判する。須磨子は悲嘆に暮れ、自殺未遂までしていた。

女優となった須磨子は、国民的な人気を博した。再婚と2度目の離婚もした。故郷の信州では、須磨子の活躍を歓迎する一方、非難もあった。「女優となるに及んで偕老同穴《かいろうどうけつ》の（注＝仲良く添い遂げる）契りを結んだ亭主を振り棄《す》てゝしまつたじやないか」（「信濃毎日新聞」1914年6月6日付朝刊より）という、地元名士の談話記事も載った。

「演技者としてではなく、女であるがための蔑視や否定に取り巻かれていた。心外だったと思います」。堀井さんは須磨子の心情を思いやる。

「『足入れ婚』は当時、珍しくなかった。〝家〟の継承が第一で、次の家長となる男子を産むことが、女性の役割とされたのです」

お茶の水女子大名誉教授の戒能《かいのう》民江さん（73）＝ジェンダー法学＝はこう話し、近代の女性差別の根本に、明治民法で法制化された、いわゆる「家制度」があったとみる。

戒能さんによると、「家制度」では、戸籍に記された「家」の永久的な存続を目的に、戸主（家長）が家族を支配・統率する。家族は同じ氏（姓）を名乗り、原則男性の家長が強い権限を握った。

妻は「夫ノ家ニ入ル」とされ、財産権や相続権、子どもの親権を持たなかった。政府は、この新たな秩序を通して国民を把握・統制しようとした、という。家長に権限を集中させる「家」は、男性の天皇を頂点とする「国家」の縮図だった。

「徴兵や徴税に都合がいいばかりでなく、家長に家族の扶養義務を課して（国家は）社会保障の責任を免れた。家制度によって富国強兵の基盤をつくったといえます」と戒能さん。

「家制度」に関わる民法の条文の多くは戦後に廃止されたが、その痕跡は一部の条文や人々の意識に根強く残る。さらに近年、政治が再び家族に介入しようとする動きも目立つ。

須磨子命日の2018年1月5日、松代町の墓前で「カチューシャの唄」を口ずさむ「松井須磨子芸術倶楽部」の会員ら

例えば、自民党の憲法改正草案は「家族は、互いに助け合わなければならない」との条文を24条に加えている。

「助け合いのモラルと、強制力を持つ法とは全く異なる。『家制度』が富国強兵に結び付いた歴史を踏まえると、24条の改正は（戦争放棄をうたう）9条の改正とリンクしているのかもしれません」

戒能さんは今、そんな懸念を抱いている。

### 〈須磨子「新しい女」の代名詞　「人形の家」で主人公〉

「須磨子は、自分で意識していたかどうかは別として〝新しい女〟だったと思う」

有志でつくる「松井須磨子芸術倶楽部《くらぶ》」を主宰する宮坂勝彦さん（70）＝千曲市＝はこう話す。「新しい女」とは、当時の価値観に抗して、自立した生き方を模索した女性たちを言う。女性による文芸誌「青鞜《せいとう》」を創刊した平塚らいてう（1886〜1971年）が有名だ。

須磨子も「新しい女」ブームに一役買った。「青鞜」創刊と同年の1911（明治44）年、舞台「人形の家」で演じた主人公ノラが、「新しい女」の代名詞となったからだ。弁護士の妻ノラは、妻や母である前に「第一に人間です」と宣言し、子どもを残して家を去る。「青鞜」も特集を組んで論じた。

須磨子は、恋愛関係にもあった劇作家の島村抱月と共に劇団を旗揚げしたが、18（大正7）年に抱月が急死すると、その2カ月後に自殺する。宮坂さんは「舞台を作る上で、2人は対等な関係だったと思う」とみている。

松井須磨子
（国立国会図書館「近代日本人の肖像」から）

## 家計と日本経済支えた製糸工女

工場には、湿気と繭を煮る独特のにおいが立ち込めていた。岡谷市の岡谷蚕糸博物館に併設された「宮坂製糸所」。明治初期に開発された「諏訪式繰糸機」が今も稼働し、かつての工女と同じ仕事が目の前で繰り広げられている。

「女性も技術があれば、どんな状況でも生活していけることを、工女さんたちに教えられました」。蚕糸博物館学芸員の林久美子さんは、工女経験者に聞き取りをするとともに、糸取りの技を学んできた。当時の製糸業は工女の技量に大きく左右されたと言う。

近代日本の主な輸出産業は製糸業だった。信州は諏訪地方を中心に工場が立ち並び、明治30年代以降、全国一の生産量を誇った。そこで主に働いたのが、県内外から集まった10~20代の若い女性たちだった。例えば１９３０（昭和５）年、現岡谷市域の製糸工場で働いた工女は約３万５千人と、男性の約10倍もいた。

結婚を機に辞める人がほとんどだったが、次第に既婚者も増えた。良質な糸を多く取ることができる経験者が求められたからだ。子育てをしながら働けるよう、保育園（育児園）

を併設する工場もあった。自宅に器具をそろえて、内職で糸を取る女性も少なくなかった。

## 「女は家庭」日露戦争後定着

長野県短期大教授の横山憲長さん（71）＝日本経済史＝によると、製糸業を支えた女性は貧しい農家の娘が多かった。「借金の返済や肥料代に、嫁入り前の娘の収入を当てにした」。明治前期の経済政策（松方デフレ）のあおりで農村が窮乏し、小作農が増えたことが背景にあった。

横山さんは旧下高井郡日野村（現中野市）役場の帳簿を分析し、大正から昭和初期に工女の収入が農村経済に与えた影響を明らかにした。例えば、１９２１（大正10）年に村から出稼ぎした工女（49人）の収入は計２２６０円。村内の小麦や大麦の生産額と、ほぼ同額を稼いでいた。

その労働実態は特に明治期で過酷だった。１９０

岡谷市の宮坂製糸所。製糸の全盛期を支えた「諏訪式繰糸機」を使って女性が糸を取る

| 西暦 | 和暦 | 製糸業と女性労働者 |
| --- | --- | --- |
| 1872年 | 明治 5 | 富岡製糸場完成。翌年、和田英が入場 |
| 95年 | 28 | 岡谷で製糸会社「片倉組」発足 |
| 1903年 | 36 | 農商務省「生糸職工事情」刊行 |
| 09年 | 42 | 日本の生糸輸出量世界一に |
| 16年 | 大正 5 | 女性労働者を保護する工場法施行 |
| 27年 | 昭和 2 | 岡谷の山一林組で大規模争議。工女も参加 |
| 29年 | 4 | 世界恐慌。製糸業にも大打撃 |

3（明治36）年刊の政府調査「生糸職工事情」には、1日15時間を超える労働だったと記される。「生糸の輸出で得た外貨で、日本は産業の基盤や軍備を整えた。小作農の娘たちが苦しみながら、家計と日本経済を支えていた」と横山さんは語る。

ところが日露戦争（1904～05年）前後から、女性の労働は、次第に消極的な評価をされるようになる。原則男性の家長が強い権限を握る「家制度」を法制化した明治民法の施行（1898年）に加え、「男は仕事、女は家庭」という性別による役割分業のモデルが登場したからだ。横浜国立大教授の加藤千香子さん（60）＝ジェンダー史＝は「男女の役割分業という、大きな意識の転換が起きたのはこの頃でした」と話す。

加藤さんが注目するのは、高等女学校（高女）の「良妻賢母」という国の教育方針だ。中流以上の家庭の女子が学ぶ高女は、県内でも1896（明治29）年に長野で創設されて、その後も松本や上田、飯田、諏訪などに設立されていった。

「良妻賢母」は元々、近代欧米の考え方だった。優秀な国民をつくるため、わが子を教育できる知性が女性に求められた。日本も倣ったが、欧米と異なり「女性は〝家〟に尽くすこと」に力点が置かれた。そのため高女では家事、裁縫、修身が重視された。

日露戦争後、「日本の強さは家族主義にある」との論調が高まり、日本流の「良妻賢母」の意識が定着していった。製糸工女ら女性の長時間労働や深夜業を規制した1916年施行の「工場法」も、この意識と表裏一体だった。だんだんと都市部で専業主婦が増え始めると、30年代に妻子を養うための「家族手当」が一部の大工場で始まった。

性別による役割分業は、むしろ戦後に進み、「猛烈に働く夫」と専業主婦の世帯が高度経済成長を支えた。近年は共働き世帯数が専業主婦世帯数を逆転したが、出産後も正規雇用で働き続ける女性は少数派。制度や意識は、「女は家庭」を〝理想〟とする社会から脱しきっていない。

近代以降、ひたすら「富国」への道を歩んだ日本。戦前の女性は外貨を稼ぐ労働力でもあった。戦後は男性が家庭を顧みずに働く半面、女性の社会進出が阻害された。

「性別役割分業は効率が良いかもしれないが、男女ともに無理を強いる。制度や生き方のハードルを少し下げ、どちらの性でも人間らしい生き方ができる社会になるといい」。

加藤さんはそう願っている。

**〈技術学んだ武家の和田英《えい》　家意識、近代化の精神的支柱の可能性も〉**

明治政府は1872（明治5）年、近代的な製糸工場のモデルとして官営富岡製糸場（現群馬県富岡市）を造り、全国から「伝習工女」を集めた。現長野市松代町出身の和田（旧姓横田）英（1857〜1929年）も15歳で富岡に行き、1年余学んだ後、松代で技術を指導した。その英を主人公にした映画「紅《あか》い襷《たすき》─富岡製糸場物語」が2017年秋、公開された。「新しいお国」のために尽くす英ら工女の姿が描かれている。

英の回想録「富岡日記」を研究してきた長野県短期大学長の上條宏之さんは、横田家は松代藩を支えた武家で、英には同家の家名を上げる役割が期待されていたと言う。上條さんは「武家にあった〝家〟の意識も、日本の近代化を進める精神的な支柱になった可能性がある」と指摘する。

和田英（信濃教育会編 学習文庫第3篇・古今書院「富岡後記」から）

## 総力戦体制下、翻弄された女性

「油だらけになりながら、無心でやりました」

太平洋戦争で日本が劣勢に立たされていた１９４４（昭和19）年、飯田高等女学校（現飯田風越高校）の３年生だった中村妙子さん（88）＝飯田市曙町＝は、級友と共に市内の軍需工場に動員された。空襲に備えた防空ずきんや非常食のいり豆を持参し、旋盤工として航空機の油量計の部品を作る日々が翌年８月の敗戦まで続いた。「勉強なんかろくにできなかった」と振り返る。

動員されたのは、中村さんたちだけではない。44年４月15日付の信濃毎日新聞には、県内各地の高等女学校などに通う「学園の乙女たち」が、「勤労戦線に突入した」ことを報じる記事が載っている。

ただ、女性の動員は、戦局が不利に傾き、労働力不足が決定的になってから「なし崩し」的に進んだ。軍や政府は、ぎりぎりまで女性の動員をためらっていた。一橋大教授の吉田裕さん（63）＝日本近現代史＝によると「女性は家庭を守るもの―という『良妻賢母』の発想が強かった。（『女は家庭』という）性別による役割分業の考え方から抜けきれなかった」と説明する。

## 産み育てる「任務」担いつつ

「強く育てよ御國《みくに》の為《ため》に」という標語に、丸々とした赤ちゃんの絵柄。１９３９（昭和14）年に厚生省が作り、下伊那郡阿智村に残るこのポスターからは、総力戦体制下の女性に求められていた〝任務〟が伝わってくる。それは労働力としてではなく、早く結婚し、多くの子どもを産み、「強い兵士」を育てる母親になることだった。

41年1月、政府は植民地を除く総人口を60年までに、当時の約7千万人から1億人に増やすとする「人口政策確立要綱」を閣議決定した。高等女学校などでは「母性ノ國家《こっか》的使命ヲ認識セシメ（中略）健全ナル母性ノ育成ニ努ムル」とし、20歳を超える女性の就業は「可成《なるべく》抑制スル方針ヲ採ル」とした。

東京大准教授の赤川学さん（50）＝社会学＝は、要綱に沿って「早く結婚するよう促し、乳幼児の死亡率を下げるための政策が進められた」と解説する。

赤川さんの研究によると41年1月からの2年間に、信濃毎日新聞に掲載された人口政策関連の記事は226本。「子寶《こだから》をもうけるには二十歳の花嫁を！」「赤ちゃん絶えず注意繼續《けいぞく》的檢診《けんしん》へ總《そう》動員」といった見出しが目を引く。

「良妻賢母」の思想や、「母性」を重視し早婚を促す政策は、たとえ戦争協力であっても、家庭の外に出ようとする女性たちを抑える力として作用した。例えば、出征兵士の見送り

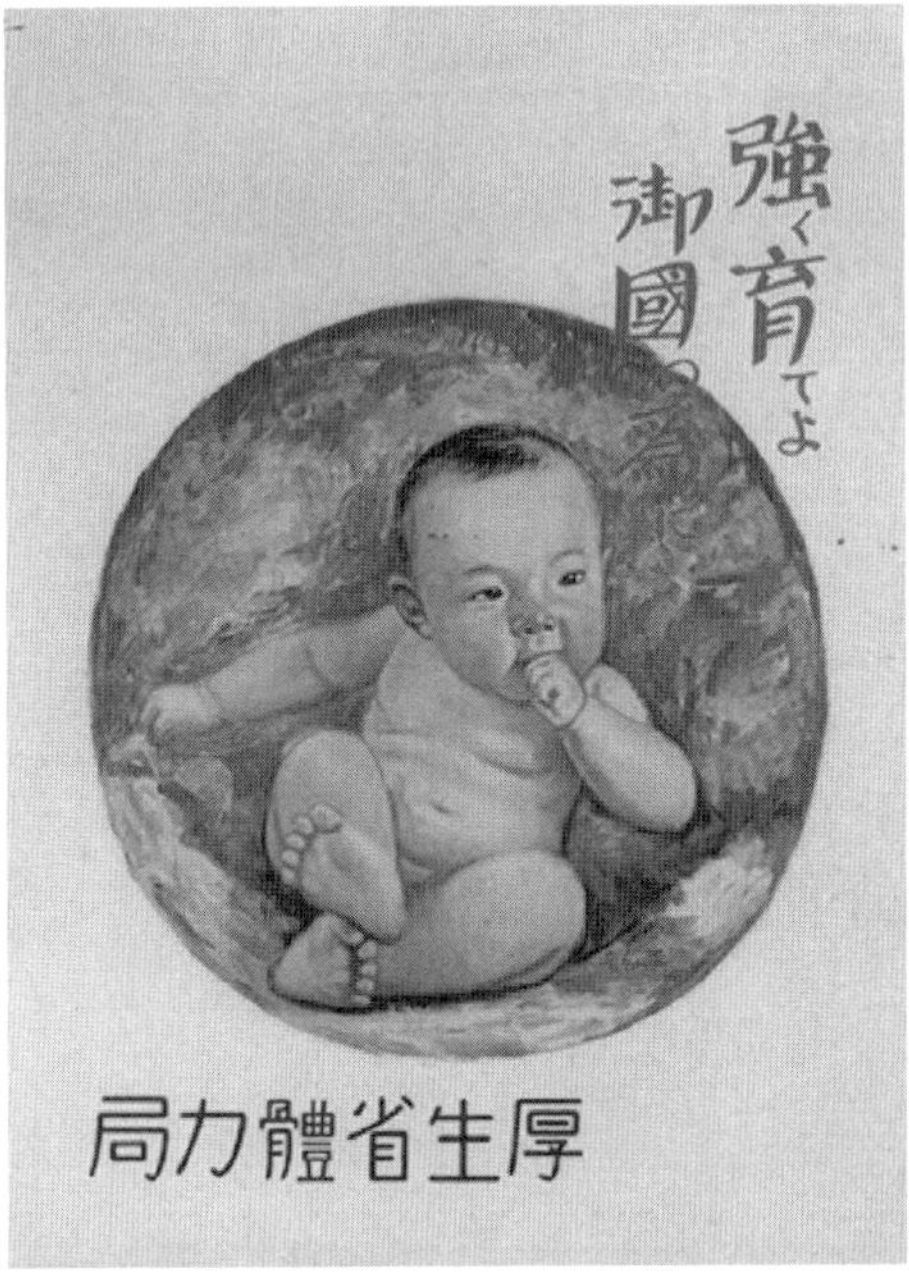


乳幼児の健全育成を呼びかける厚生省のポスター（1939年）。女性は家庭で子供を「強い兵士」に育てるよう求められた（阿智村教育委員会提供）

「戦争に負けるなんて考えていなかった」と、軍需工場に動員された戦中を振り返る中村妙子さん

や戦死者の遺骨の出迎え、出征家族の慰問などに取り組んだ大日本国防婦人会（国婦）の活動に、権力層は必ずしも好意的ではなかった。

「長野県史」によると、松本市の百瀬興政市長は38年2月の市会で、「家庭ヲ捨テテ送リ迎ヘヲシテ居ル苦イ実例モ少《すくな》クナイ」と説明し、国婦に対する補助金の拠出を否定した。

「産む性」の〝任務〟を担いつつ、戦局が行き詰まると軍需工場などに動員された女性たち。生き方を国や社会に翻弄《ほんろう》されたといえるが、主体的に戦争を支えた面もある。

信州大准教授の大串潤児さん（48）＝日本現代史＝によると「彼女たちは戦時中、（銃後の存在として）非常に活躍したと思う。そこには『ようやく国家に認められた』『こんな私でもお役に立つ』という意識があった」と指摘する。

当時、女性たちは明治民法で法制化された「家制度」などにより、いわば「社会の周辺部」（大串さん）に追いやられていた。大串さんは「周辺部に置かれた存在だったからこそ、エネルギーを発揮したのではないか」と言う。

２０１６年、安倍晋三政権は「1億総活躍プラン」を閣議決定した。１・８という希望出生率を掲げて結婚や出産を促し、経済成長への「潜在力」として女性の就労を進めるための施策を集めた。ただ、そこには個人の幸せのためというより、国力を上げようという意図が透けて見える。

「（太平洋戦争のような）総力戦体制は、これらの政策の意味を考える際の鏡になる」と大串さん。「私たちは何のために活躍するのか、活躍しない人を批判するようにならないか」。今、さまざまな問いを重ねている。

## 〈女性兵士、軍「猛烈ナル反對《はんたい》」〉

第2次世界大戦当時、欧米各国の軍隊では多数の女性が兵士として戦争に参加していた。ところが、一橋大教授の吉田裕さんによると、日本軍で女性が配属されたのは、後方部隊でもある一部の通信部隊にとどまった。

陸軍参謀本部編制動員課の参謀経験者が敗戦直後に書き残したとみられる「支那事変大東亜戦争間　動員概史」によると、敗色濃厚となった1944（昭和19）年中期以降、防空や衛生、海岸砲部隊などへの女性兵士配置が研究された。しかし、「軍一般ノ空氣《くうき》ハ極メテ氣乗薄《きのりうす》」だった。軍上層部は「家族制度ノ根本的破壊」につながることを懸念し、「猛烈ナル反對意見」を出したという。

女性が本土決戦向けの兵力として位置付けられたのは、敗戦2カ月前の「土壇場の土壇場になってから」（吉田さん）。軍上層部が反発した背景として、吉田さんは総力戦への参加をきっかけに女性が権利拡大を要求するなど、「大きな社会変動が起きることへの恐怖があったのではないか」と指摘している。

# 女性の政治参画「まだまだ」

「女性議員を増やそうとしたけれど、この程度だった。『女は政治に口を出すな』という長い歴史があったから、たかだか70年じゃ変わらないのかもしれないね」

諏訪郡下諏訪町の元町議、樽川通子さん（88）はため息交じりにつぶやいた。町議時代の1996年に「女性議員をふやすネットワーク『しなの』」を結成するなど、女性議員の誕生を長い間、後押ししてきた。その影響もあり、長野県内の女性市町村議の割合は20年前に比べ、3倍以上の14・2％（2016年4月、長野県調べ）に増えている。

大きな成果だが、樽川さんの目には「まだまだ」と映る。女性議員がいない議会も12町村にある上、女性県議の割合も8・9％にとどまる。長野県選出の女性国会議員は、2003年以降、1人もいない。全国的にも女性衆院議員は9・3％（16年）と、列国議会同盟（本部ジュネーブ）の調べで世界163位に低迷。17年秋の衆院選で微増したが、それでも10・1％でしかない。

「男性の意識改革も必要だし、女性も政治の勉強をする必要がある。男女平等とは何か、謙虚に見つめ直さないと駄目なんじゃないか」。樽川さんは、女性が直面する壁の高さを指摘する。

## 個人の平等な権利求めて

女性が選挙権を得たのは、戦後の１９４５（昭和20）年。翌46年４月の総選挙で、女性たちは初めて１票を投じた。被選挙権も得て、39人の女性議員が誕生した。

「女性の参政権は戦後、米国に与えられたという理解が一般的だが、戦前の闘いの成果でもあった」。２０１７年12月、上田市城南公民館で「上田小県近現代史研究会」事務局長の桂木恵さん（64）＝上田市＝は、連続講座「時報に見る女たちの歴史」の最終回で話した。桂木さんは、女性の参政権を求める「婦選運動」に取り組んだ一人に、埴科郡坂城町出身の児玉勝子（１９０６〜96年）の名を挙げた。

児玉は上田高等女学校（現上田染谷丘高校）卒業後の24（大正13）年、別所温泉で開かれた「信州婦人夏期大学」に参加。婦選運動を主導した市川房枝（１８９３〜１９８１年）の話に感銘を受けた。28年に上京、婦選獲得同盟の職員として市川を約10年間支えた。戦後は運動史の研究や資料集成に尽力した。

研究会会員の清水たか子さん＝上田市＝は、児玉や大正期の女性の生き方を調べ、２０１７年夏の連続講座で発表した。「当時の女性はしゅうとや夫に仕えて、大勢の子どもを育てながら、農業や養蚕などの重労働を担った。女は人権が認められていないと思った」と語る。

状況を変えようにも、女性には参政権がないばかりか、政治結社の組織や結社への参加を禁じられていた。それを打ち破ろうと、児玉は市川らと共に闘った。清水さんは「時代を先取りして立ち上がった勝子さんの行動力はすごい」と驚く。

児玉勝子（1981 年当時）

日本の女性が参政権を得て70年余たつが、いまだに女性の政治リーダーが少ないのはなぜか。「市川房枝記念女性と政治センター」（東京）理事で、東洋英和女学院大元教授の進藤久美子さん（72）＝ジェンダー研究＝は、欧米に比べ、日本の婦選運動は「男女平等」を強調してこなかったから、と分析する。

| 西暦 | 和暦 | 女性の政治参画を巡る動き |
|---|---|---|
| 1919年 | 大正8 | 市川房枝らが「新婦人協会」発足 |
| 24年 | 13 | 児玉勝子、市川と出会う<br>婦人参政権獲得期成同盟会発足 |
| 25年 | 14 | 男子普通選挙制が実現。治安維持法成立 |
| 29年 | 昭和4 | 長野県議会で婦選意見書を可決 |
| 30年 | 5 | 婦人公民権（地方参政権）が衆院可決。貴族院で審議未了となり実現されず |
| 45年 | 20 | 敗戦。婦人参政権実現 |

市川は、男女の役割分担を前提に「台所に直結した課題を解決するには、女性の政治参加が必要だ」と主張。女性の発言権を高めた一方、政治参画を生活関連の問題に限ってしまった。そのため進藤さんは、市川たちの婦選運動に功罪両面があったと考える。

ただ、背景には「国体ノ変革」を罪に問う治安維持法があった。男性の天皇を中心とする国家体制「国体」は、民衆レベルでは男性の家長を中心とする「家制度」が支えた。当時、男女平等を主張することは、同法違反に問われる恐れがあった。

戦後になって「国体＝家制度」は、個人の人権尊重を主要原理とする日本国憲法の下で解体されたはずだった。人は、個人として等しい権利を持つ。その理念は今、どれほど浸透していると言えるだろう。結婚、働き方、政治参加…。さまざまな場面で男女間の不平等が見られるほか、障害者差別や在日外国人への嫌がらせなど、平等の理念を揺るがす問題は頻繁にある。

進藤さんは、これらの問題の根っこは同じと見る。「私たちの文化はこれまで、個人の平等な権利を求める動きに乏しかった。それが今の息苦しい社会をつくっているのではないか」と訴える。

2017年11月、「女性100年会議＠諏訪」が諏訪市で開いた模擬議会＝同会議提供

**〈諏訪で有志が女性模擬議会　政治への関わり期待〉**


女性有志による「模擬議会」が２０１７年11月、諏訪市議会の議場で開かれた。36人が議員役と、市長など理事者役に分かれ、出産費用の補助や起業支援といったテーマについて議論を交わした。

人生１００歳時代を迎える中、女性の生き方や働き方を考えようと、16年春発足した「女性１００年会議＠諏訪」（代表・佐藤よし江元市議）が主催。高校生から70代まで、幅広い年代や立場の女性が市内外から集まり、ワークショップ（参加型講習会）などを重ねて、この日に臨んだ。

模擬議会は、要望を行政にぶつけるだけでなく、それを実現させる道筋や課題も含めて、具体的に考える狙いだ。出産費の補助について、市長役の女性は「財源確保と公共性」の点から検討する必要を指摘した。

佐藤さんは、こうした取り組みを通じて、女性たちが政治に緩やかに関わることを期待する。「若い世代の中から、次回の市議選に手を挙げる人も出てくると思う」

東京・代々木の「婦選会館」内にある市川房枝記念展示室。女性参政権運動の歴史をたどることができる

# 第5章

# 天皇神格化への道

教育勅語はかつて、天皇を神として崇拝する「国家神道」と一体となって、戦争を精神面で支えたものだ。天皇崇拝の思想は明治維新を経て確立した。信州を舞台にその歴史を振り返りながら、宗教や思想と政治との関係を考えてみたい。

## 下伊那に広がった平田篤胤の思想

２０１７年３月下旬、下伊那郡高森町の「本学神社」で行われた年に一度の例祭。雨の中、氏子ら約50人が参列し、神事を営んだ。１８６７（慶応３）年の神社創建からちょうど１５０年。宮下孝吉総代長（70）は「歴史を語る大事な神社。県外の研究者からも注目されている」と話した。

祭られているのは、本居宣長ら４人の「国学」の大家（四大人《しうし》）だ。国学は江戸時代に興った学問で、「古事記」など古典を研究し、日本固有の思想や精神文化を明らかにしようとする。特に四大人の一人、平田篤胤《あつたね》（１７７６～１８４３年）は、古来の信仰を尊ぶ「復古神道」を大成したとされ、篤胤の思想を信奉する平田派が幕末、下伊那を中心に一大勢力となった。

篤胤は主著「霊能真柱《たまのみはしら》」で「日本が万国の本の国であり、（中略）わが天皇が万国の大君である」（現代語訳）などと述べたため、篤胤の没後、尊王攘夷《じょうい》運動や「王政復古」を

高森町の「本学神社」例祭。平田篤胤らが祭られている＝2017年3月

掲げた明治維新の原動力になったとされる。信州の平田派もこれに加わった。

明治政府は、天皇中心の国づくりを進め、１８８９（明治22）年に発布した大日本帝国憲法に「神聖ニシテ侵スヘカラス」と明文化した。昭和前期には、天皇崇拝が総力戦の精神的支柱とされた。篤胤は戦後、「国粋主義の源流」と見なされてきた。

しかし近年、篤胤や平田派の運動を、新しい視点から見直す動きが出てきている。

例えば、学習院女子大などで講師を務める吉田麻子さん（44）＝日本思想史＝は、２０１６年に刊行した「平田篤胤」（平凡社新書）で、篤胤は世界の始まりから自然現象、死後の世界（幽冥界）や怪奇現象まで、人間を取り巻く世界の全体像を構想した――としている。

幽冥界は目に見えないが、現世と重なる。だから神々や祖霊を祭り祈ることで、安らかな暮らしを送ることができる。天皇はこうした祭祀《さいし》の中心となる。

吉田さんは「篤胤は、天皇は民のために祈る存在だと考えていた。戦時中のように『天皇のために死ね』という発想とは正反対だった」と指摘する。

## 民衆運動の力、維新に利用

長野県立歴史館（千曲市）学芸部長の青木隆幸さん（59）は「平田派を世直しの民衆運動、政治運動の面から見直す必要がある」と言う。

青木さんは２０１３年、維新直後の通貨の混乱を収めようとした「伊那県商社事件」に関する論文を史誌「信濃」に発表した。政府と対立してでも民衆を救おうとした地域のリーダーに、平田派が多かったことに気付いた。「江戸時代は儒教に基づく身分制があり、庶民は抑圧されていた。平田派の運動は、庶民が人間性を解放して、おおらかな古代的な社会を目指すものだった」

平田派と国家との関係をどう捉えたらいいのか。

明治期の宗教政策に詳しい慶応大教授の小川原正道さん（40）＝東御市出身、日本政治思想史＝は「天皇中心の国家をつくるため、平田派が持っていた民衆のエネルギーが維新に利用された」とみる。

明治政府は当初、平田派の意見を取り入れて、神道を「国教」にしようとした。だが近代化を急ぐ必要や仏教勢の反対で、平田派の影響力は衰えていった。神道は非宗教の「国家の祭祀」とされ、天皇崇拝が独り歩きした。

東京大名誉教授の宮地正人さんは天皇絶対化の背景に、自由民権運動への対抗意識があったと指摘する。

「政府は民権派に権力を奪われないよう、記紀神話を持ち出したり、（歴代天皇の実在を示そうと）陵墓を真偽不明なまま指定したりする〝無理〟を重ねた」

政府は、こうして確立した天皇の権威を源泉として、さまざまな改革を進めた。第２次世界大戦時には、若者が命

| 西暦 | 和暦 | 下伊那の平田派国学者を巡る動き |
|---|---|---|
| 1843年 | 天保14 | 平田篤胤死去 |
| 57年 | 安政４ | 現高森町出身の片桐春一（はるかず）が入門。下伊那で初 |
| 59年 | 6 | 横浜開港 |
| 62年 | 文久２ | 松尾多勢子、京都で活動 |
| 63年 | 3 | 平田篤胤著「古史伝」刊行始める |
| 64年 | 元治元 | 水戸浪士天狗党の伊那街道通行を助ける |
| 67年 | 慶応３ | 本学神社を創建<br>大政奉還 |

をささげるまでになった。

「平田派が考えたように、神社は本来、土地の風土と民衆を守るもの。それが権力に利用されるとどうなるか。天皇と皇室のあり方が問われている今、よほど注意しないといけない」。宮地さんは最近の政治状況を念頭に、警鐘を鳴らしている。

### 〈篤胤の門人多かった伊那谷―生糸貿易、日本の独自性に着目〉

平田篤胤は秋田藩士の家に生まれ、数え20歳で脱藩して江戸に出た。本居宣長（1730～1801年）の国学を学ぶ一方、文献研究を超えた実践を説き、「幽冥界」をつかさどるオオクニヌシ神を重視するなど、宣長とは異なる考えを展開した。晩年は幕府の禁圧を受けたが、門人は篤胤の没後も増え続けた。

高森町歴史民俗資料館によると、幕末から明治初期に門人になった3745人のうち、信濃が627人で全国トップだった。信濃では、その約6割に当たる386人が伊那谷だという。

彼らは篤胤の著書の出版を進めたほか、水戸浪士らの「天狗党」通行を助けるなど、尊王攘夷の運動にも関わった。旧伴野村（現下伊那郡豊丘村）の松尾（竹村）多勢子《たせこ》（18

1 1～94年）は数え52歳で京都に赴き、明治維新の立役者の一人、岩倉具視《ともみ》（1 8 2 5～83年）を支援した。

宮地さんは、伊那谷で養蚕が盛んだったことに着目。「生糸貿易が始まってグローバルな資本主義の波を直接受けた。日本の独自性を探った篤胤の思想に引かれたのだろう」と話している。

松尾多勢子の遺品などを展示する豊丘村歴史民俗資料館（火、金、土曜日に開館。無料）

# 藩主自ら手本、松本藩の廃仏毀釈

## 名刹も歴史から消される

いにしえの面影を残す街並みを抜け、うっそうとした林道を上ると、視界が開けた高台に出た。松本市波田の若沢寺《にゃくたくじ》跡地。案内板がなければ、全国に名の知れた寺があった場所とは気付かないだろう。

「明治初めに松本藩が行った廃仏毀釈《はいぶつきしゃく》で寺は取り壊され、石垣と礎石だけになってしまいました」。２０１７年５月、案内してくれた百瀬光信さん（78）は、こう切り出した。

山寺の全貌は、松本市と合併前の旧東筑摩郡波田町が１９９９（平成11）年から２００３年まで行った発掘調査によって明らかになった。町史編さん委員だった百瀬さんは調査に携わり、現在、同寺史跡保存会役員を務めている。

百瀬さんによると、若沢寺は平安時代にはあったとされ、本尊の水沢観音の御利益を求めて各地から人が訪れた。江戸時代には戯作《げさく》者の十返舎一九《じっぺんしゃいっく》が滞在し「信州水沢観音利益雑食橋《ぞうしばし》由来」を発刊したほどの名刹《めいさつ》だったという。「わずか１、２年で由緒ある寺が歴史

地元の保存会が手入れをしている松本市波田の若沢寺跡地。「子どもたちの歴史の勉強に利用してほしい」と百瀬光信さんは語る＝2017年5月

から消されたのです」

尊王の機運の中から生まれた維新政権は、頂点に明治天皇を据え、祭政一致の国家を目指した。1868（慶応4・明治元）年に神仏分離令を出し、江戸時代まで続いた神仏習合の伝統を否定した。70（明治3）年には神道の国教化推進を掲げる徹底ぶりだった。廃仏毀釈は、新政府の姿勢に呼応する形で全国に広がった過激な仏教排斥運動だ。

松本市の近現代史に詳しい同市文書館特別専門員・小松芳郎さんが解説する。

「松本藩の場合、始まりは明治3年。藩主戸田光則《みつひさ》が自ら手本を示し領内に下ろしていった。まず戸田家の菩提《ぼだい》寺である全久院を壊し、歴代藩主の位牌《いはい》を女鳥羽《めとば》川に流し、仏像や仏具も焼いたと言われる。重要なのは、葬儀を仏式から神葬祭へと切り替えたことです」

小松さんが調べたところ、松本藩は領民に神葬祭に変える願い書を出させ、それを受理する形で、一戸一戸改宗させていった。やり方を記した手引2万5千部を領内に配る周到ぶりだった。この時以来、現在まで神葬祭を通している家もあるという。

「檀家《だんか》がなくなり寺はやっていけない。住職は領地を取り上げられ、わずかの土地と住まいを与えられ、帰農させられた」

領内180寺のうち、140寺が廃寺となった（松本市史）というから、すさまじい。

「佐幕か倒幕か、藩内がぎりぎりまでまとまらなかったので、新政府に忠誠を示すために廃仏毀釈を徹底した、との見方がある。平田国学や水戸学を奉じた藩士らの影響が強かったことも要因でしょう」と小松さんは分析する。

廃藩置県（明治4年）で松本藩がなくなり、廃仏毀釈は短期間で収束へと向かう。明治10年代には里山辺地区の兎川寺《とせんじ》のように、旧檀家たちの熱意によって復興した寺もあった。

明治政府は、仏教界の根強い反対や欧米諸国との外交に配慮し、初期の偏狭な神道国教化政策を転換していく。１８８９（明治22）年公布の明治憲法は、天皇の「神聖」を掲げた上で、条件付きながら「信教の自由」を認める体裁を整えた。一方で翌年、明治天皇の名前で「教育勅語」を出し、「臣民」としての道徳や心構えを、教育の場を通して浸透させていった。

廃仏毀釈に象徴される維新当時の奔流は、一時の熱病のようなものだったのか—。

明治の初め、学校に転用された兎川寺の本堂＝松本市里山辺

「初期の神道国教化のような形はなくなったが、天皇を神格化する観念は生き残り、教育勅語を通して、最終的には天皇＝現人神《あらひとがみ》へと変容していった」と、小松さんはみる。

若沢寺を研究する百瀬さんは「維新を進めた勢力は天皇を利用して、結局は軍国主義的な国家をつくりあげることになったのではないか」と話す。

里山辺にたたずむ兎川寺を訪ねると、本堂の柱に墨の落書きがあった。「廃仏毀釈で本堂が学校に転用された時に書かれたものです」と、住職の細萱仙秀さん（68）は解説する。当時の歴史を振り返り、細萱さんは言った。「明治期に天皇を頂点とした国家体制をつくる方針は必要だったかもしれない。だが、明治から昭和に至る歴史を俯瞰《ふかん》してみると、あまりにも近代国家をつくることを急ぎすぎたために、あの戦争へとつながってしまったのではないか―と思わざるを得ません」

**〈神仏分離令が引き金に〉**

日本では江戸時代まで、神と仏が同居する神仏習合が浸透していた。例えば、現在の諏訪大社には、拠点の神宮寺があり、参道沿いに寺院や宿坊が並んでいた。神々には、もとになる仏（本地仏）が対応しているとされ、仏も祭られていた。

新政府の神仏分離令（判然令）は、こうした伝統を断ち切り、神社から仏教を排除した。具体的には、仏教由来の神名や仏像を祭ることを禁止し、梵鐘《ぼんしょう》などの仏具類も撤去を命じた。

長野県内では、分離令を受けて諏訪大社の上社・下社ともに敷地内の寺が壊された。また戸隠権現と称していた戸隠神社からも仏教的要因は取り除かれ、神社のみとなった（以上「長野県史」）。

神仏分離令は、寺や仏像の破壊を命じたものではなかったが、引き金となって松本藩はじめ、廃仏毀釈運動が全国で展開された。期間は短かったが、日本人の信仰の風景を一変させたと言える。

民衆思想史の研究で知られる一橋大名誉教授・安丸良夫氏（故人）は、「明治初年の神仏分離、廃仏毀釈、神道国教化政策をもって、一部の狂信家たちの無謀な試み→失敗と見ることはできない」とし、「日本人の宗教生活の全体が、それを媒介にしてすっかり転換してしまった」と述べている（「神々の明治維新」岩波新書）。

## 神仏分離令で神道を純化

一見普通の壁がぐるりと回転して、奥に板張りの小部屋が現れた。明治初期に松本藩の役人が来た時、当時の安達達淳《あだちたつじゅん》住職（1822〜1905年）が隠れたという。大町市の古刹《こさつ》、霊松寺《れいしょう》（曹洞宗）の庫裏《くり》は忍者屋敷のようだ。

松本藩の廃仏毀釈《きしゃく》は全国的に見ても激しかったが、抵抗を貫いた僧侶もいた。達淳はその一人だ。藩の役人が「地獄や極楽が本当にあるなら見せてみよ」と詰め寄ったところ、白装束に着替えて「案内するから一緒に腹を切ろう」と短刀を差し出した、というエピソードが残る。

松本市下横田町（大手5）にある正行寺《しょうぎょう》（真宗大谷派）の佐々木了綱《りょうこう》住職（1826〜1901年）も、抵抗した僧として全国的に知られる。「信濃松本護法録」という日記が残っているためだ。

了綱は、藩の役人の会話から廃仏毀釈があると察知。東京で浄土真宗の有力僧を通じて、廃仏政策が政府の命令ではないことを知った。松本に帰ると藩内の浄土真宗の寺と結束を固め、京都の本山にも助けを求めた。了綱は藩から20回近く呼び出され、僧侶を辞めるよう迫られたが、入牢を覚悟の上で「廃仏は朝廷の意向ではない」と反発した。

現住職の佐々木一男さん（59）は「了綱さんの根っこにあったのは、時の権力に屈しないという精神だった。守るべき信心がはっきりしていたのだと思う」と語る。

壁が回転する仕掛けがある大町市・霊松寺の庫裏

## 統治しやすい思想、形成

廃仏毀釈を引き起こしたのは、明治政府の「神仏分離（判然）令」（１８６８年）と、布教や役所の新設を通じた神道の国教化策だった。

政府は最終的に国教化を断念する。欧米列強に認められようと先進国らしく政教分離をしたが、達淳や了綱のような仏教勢の根強い反対運動も一因といえるだろう。

しかし、一連の宗教政策が民衆の心に与えた影響は大きかった。霊松寺では廃仏の嵐が収まった後も、法要で手を合わせるのをためらう檀《だん》家《か》もいたという。現住職の伊東泰顕さん（67）は「一度仏教から離れた民心を取り戻すのはさぞ苦労したと思う」と話す。

松本市の正行寺に残る、廃仏毀釈に抵抗した佐々木了綱住職の肖像画

長野県立歴史館（千曲市）元課長の原明芳さん（60）は、廃仏毀釈そのもの以上に、神仏習合を禁じた「神仏分離令」の重みを指摘する。「日本人は御利益があれば何でも信じてきた。神道だけを取り出し純化してみせたことで、国家が（統治に）使いやすい思想がつくられた」

政府は神道の国教化を断念する代わりに天皇を頂点とする「国家の祭祀《さいし》」とする方向にかじを切った。神道は宗教ではないとされ、１８８９（明治22）年発布の大日本帝国憲法で「信教ノ自由」が認められた。だが、それは天皇崇拝を否定しない限り、という前提付きだった。これらを土台に天皇の神格化が進み、戦時中は若者が命をささげるまでに根を張っていく。

仏教をはじめ各宗教・宗派は明治中期以降、天皇の名の下に進められた戦争に抗えなかった。廃仏毀釈には最も強く抵抗した浄土真宗も、日清・日露戦争を契機に、むしろ前のめりに協力していく。宗教的な真理とは別に、俗世では俗世のおきてに従うとする「真俗《しんぞく》二諦《にたい》」論が根拠になった。

東京工業大教授の中島岳志さん（42）＝近代政治思想史＝は「阿弥陀《あみだ》仏による他力の救済を説く浄土思想は、『天皇の大御心《おおみこころ》に従う』という国学をベースにした国体論と相性がよかった」と指摘する。１９３０年代には暁烏敏《あけがらすはや》（１８７７〜１９５４年）のように、浄土真宗の信仰と天皇崇拝を一致させる僧侶も現れた。

歴史上、宗教と権力が結び付くことは珍しくない。信州大副学長の渡辺匡一《きょういち》さん（55）＝日本文学＝は「人々の価値観が同じ方向を向いていた方が、権力は統治をしやすい。仏教も日本に伝来した当初から、権力が統治のために利用しようとした」と言う。実際、江戸時代には寺が戸籍管理をして、役所のような役割を担っていた。

宗教は人を救うことが本来の目的のはずだが、人々の価値観をコントロールするという側面も持っている。「それが時に極めて大きな力を持つことを、私たちは悲惨な歴史に学ばなければならない」と渡辺さんは戒める。

〈「心の袈裟は取れない」廃仏毀釈に抵抗も〉

廃仏毀釈のころ、長野市の善光寺では、大本願117世の誓円《せいえん》尼公上人（1828〜1910年）の抵抗が語り継がれている。

境内に神社があったことから「善光神社」に改めるよう求められると、強く反対した。伏見宮邦家親王を父とする皇族の一人だったが、皇族は還俗《げんぞく》（僧侶をやめること）するよう定められても拒み続け、華族の久我家に入籍して還俗を免れた。

「身にまとった袈裟《けさ》は取れても、心の袈裟を取ることはできない。剃った黒髪は伸ばすことができても、心の中の髪をどうして伸ばせよう」との言葉が伝わっている。

大本願に残る未整理の古文書の中には、誓円が書いたものが含まれる可能性があるという。大本願はこれらの研究を視野に、2017年3月から一般市民向けの「古文書講座」を月2回開いている。副住職の鷹司《たかつかさ》誓栄《せいえい》さん（54）は「尼公は自分が正しいと思ったことを自然体で主張したのだと思う。研究を通して、実像が明らかになるといい」と話している。

## 教育勅語と御真影

かつて「奉安殿《ほうあんでん》」と呼ばれていた建物が、岡谷市長地《おさち》小学校の校門脇にいまも残っている。反り返った屋根、コンクリートの外壁、施錠がしてある鉄の扉…。小規模ながら厳かな神社の雰囲気が漂う。

奉安殿は、校長室などで保管していた「教育勅語」と「御真影《ごしんえい》」（天皇皇后の写真）を、災害から守るために建てられた収納庫。同校は火災で校舎が焼けたのを機に、１９２８（昭和3）年に建造した（「長地学校百年史」）。

「いまは地域の戦没者48人の霊が眠っています」。２０１７年5月下旬、近くに住む三沢三郎さん（88）と山田好道さん（73）が鍵を開けてくれた。中には戦没者名を記した白木を納めた箱があった。三沢さんは叔父を、山田さんは父を戦争で亡くしている。

敗戦後、多くの奉安殿は撤去されたが、同校では遺族会が譲り受けた。「遺族会も高齢化が進んでいる。二度と戦争を起こしてはならないという思いを伝えていかなければ…」と、２人は危機感をにじませた。

## 「現人神」の下地つくる

奉安殿とは、どんな存在だったのか―。1935（昭和10）年、同校に入学した中野欣一さん（88）は、「登下校の時には、教師も子どもも立ち止まって一礼するのが決まりだった」と、振り返る。

長地小学校の旧奉安殿前で戦争の悲惨さを訴える三沢三郎さん（右）と山田好道さん。現在は戦没者の慰霊の場になっている＝岡谷市

紀元節（神武天皇が即位したとされる2月11日）や天長節（天皇誕生日、当時は4月29日）の学校行事には、御真影を奉安殿から取り出して講堂に飾り、礼服に白い手袋をした校長が教育勅語を奉読し、子どもたちは直立不動で聴いたという。

「強烈な印象として残っている。先生の話も、天皇は現人神《あらひとがみ》ということだった。戦争一色の時代だったので、軍隊への志願は当然だと思っていた。実際、同学年には戦死した友人もいます」

天皇＝現人神の観念は突然現れたわけではない。その下地は、山県有朋内閣が１８９０（明治23）年に教育勅語をつくって以降、教育を通して徐々に形づくられていった。

明治天皇が親孝行や慈愛などの徳目を説く形をとっているが、要は天皇による統治を記紀神話に連なるものと位置付け、「臣民」である国民に忠誠を命じたところにある。

「結局のところ、天皇の祭祀《さいし》が国家支配に結び付く祭政一致の体制、つまり国家神道と表裏一体を成すものです」。「御真影と学校」の著者で教育史に詳しい日本大教授の小野雅章さん（57）＝諏訪郡原村＝は指摘する。

小野さんによると、教育の基本方針に据えられ、修身（道徳）の授業を軸に戦前・戦中を通して「尊王愛国」「忠君愛国」「皇国の道義的使命」を養成する土台となった。

授業に加え、明治政府は紀元節、天長節、元旦の儀式に、教育勅語奉読と御真影拝礼を制度化していった。「二つがセットになって、天皇神格化の装置として機能した」と小野さん。

教育勅語と御真影の学校への頒布は、「下賜《かし》」「下付《かふ》」と呼ばれ、神聖視された。万全を期して当直が設けられ、災害時には最優先の避難が要請されるなか、火災などから御真影

南条小学校に1922年に建立された中島仲重校長の碑。碑文には、37歳で殉職するまでの経歴、人柄、火災の状況などが記されている＝坂城町

を守ろうとして命を落とす校長や教師が全国で後を絶たなかった。

１９２１（大正10）年１月、南条村（現埴科郡坂城町）の南条小学校で火災が起き、中島仲重校長が燃え盛る校舎に飛び込んで殉職した事件は、新聞や雑誌で特集され、大きな反響を呼んだ。この時は称賛や賛同だけでなく、「行為は推称出来ぬ」「死を以てするは疑問」といった批判的な意見もあった（佐藤秀夫編「続・現代史資料８」）。

「関東大震災（１９２３年）以降、コンクリート製の奉安殿が広がったが、神社式が増えたのは30年代」と、小野さんは言う。「戦時体制と相まって、奉安殿そのものが信仰の対象となり、天皇の神格化は一段と浸透していった」

長地小学校の卒業生、中野欣一さんは郵便局員として16歳で敗戦を迎えた。戦後、担任が教師を辞職したことを友人たちから知らされたと言う。

「真っすぐな先生だったので、教育の重みを感じられたのかもしれません。戦争の悲惨さを知らない人が増えるなかで、世の中がどこに向かうのか…。特に共謀罪の国会論議などを見ていると、戦前の方に戻っていくのではないか―と心配になります」

## 〈国家神道、教育を通じ浸透〉

明治から敗戦までの日本の宗教・政治体制を示す用語として「国家神道」が一般的に定着しているが、定義を巡って研究者の間に幅がある。

ここでは上智大教授・島薗進さん＝日本近代宗教史＝の「国家神道と日本人」（岩波新書）に基づき、差し当たり「明治維新以降、国家と強い結びつきをもって発展した神道の一形態」と押さえておきたい。

島薗さんによると、国家神道は維新を起点に徐々に形づくられ、1889（明治22）年発布の明治憲法と翌年の教育勅語によって確立。教育勅語をてこに教育を通して国民に浸透し、1930年代のファシズム期へと突入した。

注目されるのは、明治憲法の発布形式だ。天皇は天照大神《あまてらすおおみかみ》や歴代天皇の神霊の前で奉告祭を行った。また明治憲法の「告文」は神霊に向けて書かれたもので、憲法が「国家神道的な枠組の中で発布」されたことを示している（『国家神道と日本人』）という。

条件付きで信教の自由を認め、形の上では立憲国家の体裁を整えた明治憲法だが、「実態は祭政一致と政教分離が共存している体制で、日本型の特異な政教分離だった。信教の自由と言っても、政治体制を批判したり対立したりした場合は、徹底的に弾圧された」。

島薗さんは教育勅語の中の「皇祖皇宗《こうそこうそう》」という言葉に注意を促す。「皇祖は天照大神までさかのぼるもので、天照大神が命じて天皇が国家を統治するということが含まれる。自己肥大化した神聖国家の意識が貫かれている」と指摘。「教育勅語ができて以降、期せずして教育を通して国家神道が浸透し、下からのファシズムにつながっていった。教育勅語の果たした役割は極めて大きかった」と強調している。

# 第6章 膨らむ帝国

長野県は全国でもっとも多く「満州」（現中国東北部）への農業移民を送り出し、悲劇が今も語り継がれる。満州侵略から国際的な孤立を招き、泥沼の戦争へと突入した日本。なぜ大陸に向けて膨張し、傀儡《かいらい》国家をつくる道に進んだのか。

# 日露戦争で得た満州の権益

## 血の代償「支配すべき土地」

「戦死あり負傷あり、あるいは数多《あまた》の病死等あり。実に惨憺《さんたん》を極め、今日は人の身、明日はわが身と、（中略）また今更《いまさら》の如《ごと》く感じ申し候《そうろう》」（現代表記）

日露戦争中の1904（明治37）年10月、戦地から出された兵士の手紙だ。緊迫した様子が伝わってくる。出身地の長野県旧県《あがた》村（現東御市）に住む恩師・小林彦次郎宛て。こうした手紙やはがきなど約550通が、彦次郎の子孫のもとに残されていた。上田小県近現代史研究会の事務局長、桂木恵さんが解読を進めている。

「今回の講和条件には実に驚き入り候。（中略）目下の情勢では名誉とか国家のためとか囃《はや》されし戦死者こそ憫《あわ》れのものに候」（同）

桂木さんが注目するのは、講和の条件を決めた翌年のポーツマス条約への不満を述べた別の兵士の手紙だ。多くの戦死者を出したにもかかわらず、ロシアから賠償金が支払われないことが分かり、憤っている。多くの国民にも、戦費調達のために重税を負担してきたという思いがあった。条約が不満で暴動も起きた。

賠償金の代わりに得たのが旅順や大連を含む「関東州」（地名の由来は「山海関の東」の意味）の租借権や、東清鉄道南満州支線（南満州鉄道）など満州の権益だった。

桂木さんは「後に『父祖の血であがなった権益』と呼ばれた。兵士たちの手紙を読んでも、（清朝の領土なのに）満州は『日本が支配すべき土地』という感覚だった」と指摘する。

日露戦争の戦地から送られた兵士の手紙やはがきを見る桂木さん＝上田市

日露戦争は長野県内でも２万８千人余が動員され、２２００人余が戦死または戦病死した。それぞれ日清戦争（１８９４～95年）の５倍以上で、民衆へのインパクトはるかに大きかった。

日露戦争後の１９０６年９月、

松本市立博物館が所蔵するロシア兵の肩章や水筒

松本尋常高等小学校（旧開智学校、現松本市）敷地内に、後の松本市立博物館の母体となる「明治三十七、八年戦役紀念館」が開館した。３日間で約３千人が詰め掛けた。

展示の中心は、ロシア兵の軍刀、帽子、肩章などの「戦利品」や、現地の地図、日本兵の軍服や日用品、現地で収集した草花など。同校を卒業した兵士たちが持ち帰ったものだ。市立博物館学芸員の窪田雅之さん（60）は「実物が訴える力は大きい。もっと日本は強くならなければ、という国威発揚の場でもあった」と話す。

戦争の犠牲と勝利の記憶は約30年後、満州への移民を送り出す際にも、正当化の論理として繰り返し語られた。１９４３（昭和18）年に現飯田市の国民学校長が満州を視察した際の記録をまとめた「宮下功『満洲紀行』」（２０１７年刊）には、旅順と大連の戦跡や慰霊碑を巡拝した様子が記されている。

「日露戦争は、植民地支配のもとにあった、多くのアジアやアフリカの人々を勇気づけました」

２０１５年８月、安倍晋三首相は戦後70年の談話でこう評価した。確かにそうした一面もあっただろうが、国内の歴史学者でつくる「歴史学研究会」は同年９月に出した声明で次のように批判した。

| 西暦 | 和暦 | 近代日本の勢力拡大（満州事変まで） |
|---|---|---|
| 1875年 | 明治８ | 江華島事件。朝鮮を開国させる |
| 94年 | 27 | 日清戦争（～95年）。台湾を領有。遼東半島を得るが、三国干渉により返還 |
| 1904年 | 37 | 日露戦争（～05年）。満州の権益、樺太の南半分を得る |
| 10年 | 43 | 韓国併合 |
| 14年 | 大正３ | 第１次世界大戦（～18年）。山東半島の権益を得る。南洋諸島を委任統治 |
| 31年 | 昭和６ | 満州事変（～33年）。32年「満州国」建国 |

「日露戦争は（中略）帝国主義的な野心をもって、戦場となった非当事国の人びとの人権を侵害しながら続けられた」「植民地支配の責任はそもそも欧米にあると印象づけ、日本固有の責任を希薄化させようとしている」

東御市で見つかった兵士の手紙にも、戦場となった現地の人たちを蔑視し、嫌悪する記述が目立つ。桂木さんは「兵士も民衆も、現地の人々の視点がないまま、満州支配に加担していった。日本は戦後も植民地支配の歴史を総括していない」と語る。

近代日本の領土拡大志向は、早い段階から芽生えていた。山県有朋首相は第1回帝国議会（1890年）で、「主権線」（国境）の外側に「利益線」という勢力範囲を設けることを主張した。その主張の通り、日本は台湾、朝鮮半島、満州、中国本土へと触手を伸ばしていった。

京都大名誉教授の山室信一さん（66）＝法政思想連鎖史＝は「帝国は獲得した領域を守るため、さらに拡張し続けなければならない宿命にある」と指摘する。「最後は『大東亜共栄圏』にまで広がって、（守りきれずに）自分の首を絞めた」

## 〈松本出身の軍人・福島安正　「英雄」郷里で移民促す〉

信州と満州を結ぶきっかけとなった一人に、現松本市出身の軍人、福島安正（1852～1919年）がいた。

ドイツ公使館付武官となった福島は1892（明治25）年にベルリンから帰国する際、1年余かけてシベリアを単騎で横断した。現地を見聞して得た情報は、日清・日露戦争で役立ったという。日露戦争では大本営参謀、満州軍参謀を務めた。同戦後は英雄として地元・松本で熱狂的に迎えられた。

1912（明治45）年、関東州と南満州鉄道、鉄道付属地を統治する「関東都督」に就任すると、翌年、福島は日本人移民による「愛川村」を関東州内に計画した。山口県などから21人が応募したが、２年後には３世帯を残して帰国した。

福島は14年に関東都督を辞して帰国した後も郷里の信州で移民を呼び掛け、７人が応じた。松本市文書館特別専門員の小松芳郎さんは「英雄とされた福島の活動が、後に長野県が多くの満州移民を送り出す素地をつくった」と話している。

福島安正（国立国会図書館「近代日本人の肖像」から）

## 掛け声倒れだった「五族協和」

日露戦争（１９０４～05年）に勝った日本は、遼東半島の「関東州」の租借権や、南満州鉄道（満鉄）など満州（現中国東北部）に権益を得た。これを守る陸軍「関東軍」は１９３１（昭和６）年９月、満鉄線路の爆破事件を起こし、これを中国側の仕業だとして、満州全土の武力制圧に乗り出す（満州事変）。同軍は翌32年３月、「満州国」を建国した。

建国に関わった一人に、現上田市出身の医師、金井章次（１８８６～１９６７年）がいた。24年、満鉄の衛生課長として満州へ渡り、28年、現地の日本人青年層による「満州青年連盟」をつくる。満州事変が起こると、金井は同軍幹部に近づいて、満州国独立の構想を述べたほか、建国後は、間島省《かんとうしょう》長など地方政府の要職を歴任した。

「満州青年連盟は、（中略）民族の独立とともに民族の協和をスローガンとして、三千名の連盟員とともに叫んで来たのだ」（「金井章次博士著作集」より）

当時満州は人口約３千万人。漢族、満州族、朝鮮族、モンゴル族などが暮らしていた。日本人は少数派の約20万人で、排日運動に悩んでいた。複合民族国家のスイスをモデルとする金井の「民族協和」の主張は、満州国が掲げた「五族協和」の源流の一つとなった。
しかしその理想は、掛け声倒れに終わることになる。

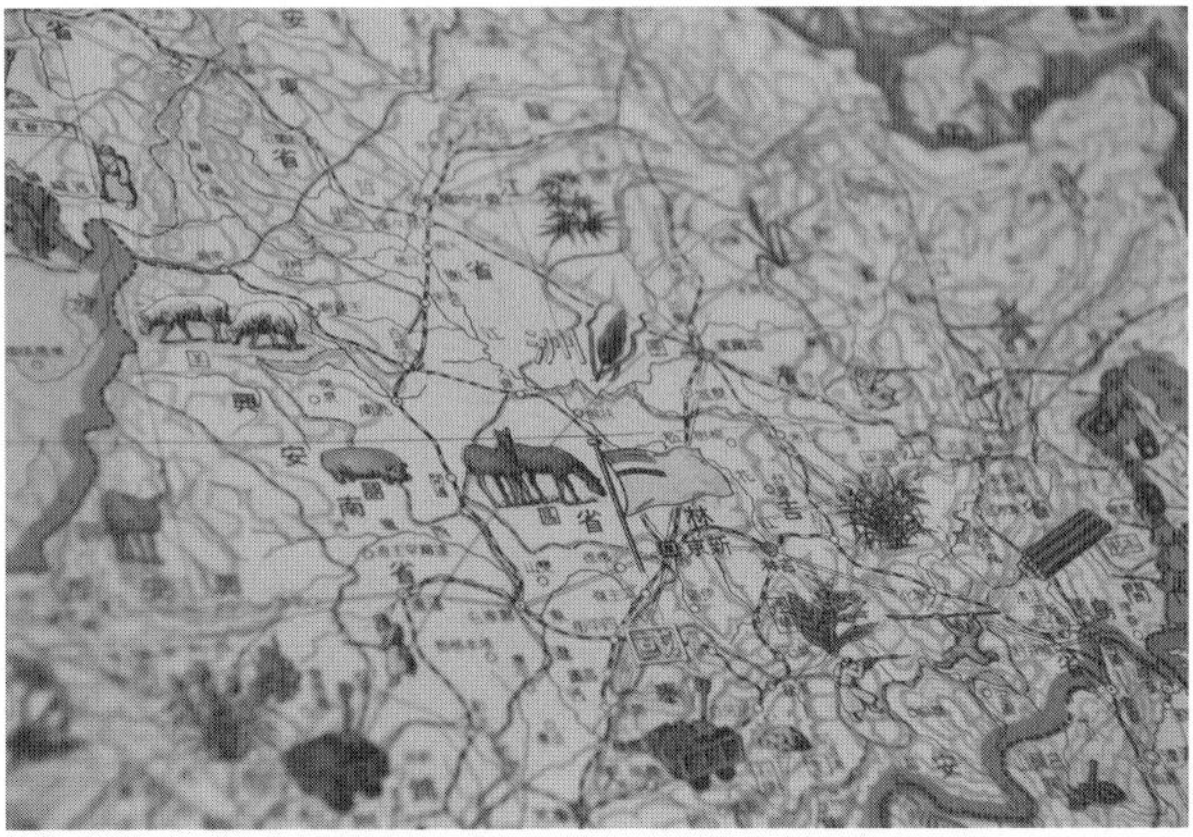

「満州国」が描かれた1937年発行の地図。2017年8月、長野市のギャラリー82で開かれた「信州と戦争の時代展」で展示された（信州戦争資料センター所蔵）

## 「国民」いなかった満州国

農業評論家の故・堀越久甫《ひさもと》さん＝現長野市出身＝は１９３６年、17歳の時に満鉄職員として満州に渡った。93年、信濃毎日新聞のインタビューで当時を振り返り、他民族への差別や圧迫の実態を証言している。

　彼らの賃金は日本人社員の３分の１以下で、しばしば上司から殴られていた。輸送担当者は労働者を真夏に貨車に詰め込んだ。農村部では農民に「この畑も取り上げられたら、家族が食っていけない」と土下座された―。『王道楽土』『五族協和』なんて

「討匪」に向かう日本人警察官として「関東局警察　遺芳」に掲載された写真

まっ赤なウソじゃないか…」（信毎１９９３年8月14日付朝刊より）

満州国はその理念とは裏腹に、日本人が意のままにできる傀儡《かいらい》国家だった。

岡谷市の整体師、浜幹雄さん（64）は、２０１２年に亡くなった父親、浜常治郎さんの話をよく覚えている。常治郎さんは満州で警察官を務めていた。

「父は詳しくは語らなかったが、（案内のため）現地の人を連れて馬に乗って行ったとか、氷点下40度まで下がるほど寒かった―などと話してくれた。『人を殺したことはない』と言っていた」

遺品の一つ、記念誌「関東局警察　遺芳」（南満洲警察協会編、１９３８年刊）をひもとくと、「兇匪《きょうひ》」「匪賊《ひぞく》」といった言葉が目につく。統治に従わず、武装した集団をこう呼び、彼らを討伐する「討匪行《とうひこう》」が、警察の重要な任務だった。

「父は役職に一生懸命だったと思うが、当時の日本がしていたことは、方向が間違っていたと思う」と浜さんは語る。

満州国は不自然な国だった。例えば、長野大教授の塚瀬進さん（55）＝中国近現代史＝は、「最後まで法的な〝国民〟が存在しなかった」と指摘する。国籍を定める法案は何度も検討されたが、成立しなかった。なぜか。

「結局、日本人が日本国籍を失うのを恐れた。移民をしても『満州国人』になる、という意識はなかった。二重国籍でもよかったはずだが、『五族協和』を掲げた以上、日本人だけを特別扱いできなかった」。国会も開かれず、住民の意見を聞くことを期待された「協和会」は、上意下達の機関でしかなかった。

「キメラ―満洲国の肖像」の著者で、京都大名誉教授の山室信一さんは「満州国は、明治維新以来の中央集権の国づくりを再現する実験でもあった」とみる。しかし、行政機構を整えただけで、国民と郷土をつくることには失敗した。だから１９４５年８月、

| 西暦 | 和暦 | 「満州国」を巡る動き |
|---|---|---|
| 1912年 | 明治45 | 溥儀が退位し、清朝滅亡 |
| 28年 | 昭和 3 | 関東軍による張作霖爆殺事件 |
| 31年 | 6 | 関東軍の独断で満州事変始まる（～33年） |
| 32年 | 7 | 「満州国」建国。溥儀が執政に |
| 34年 | 9 | 溥儀が満州国皇帝になり「満州帝国」と称する |
| 45年 | 20 | 日本の敗戦に伴い、満州国が崩壊 |

日本が敗戦すると、満州国もあっけなく崩壊した。

戦後、日本は国民主権となったが、山室さんは今の中央と地方との関係が、満州国のそれと重なって見えるという。『地方創生』などと中央政府が唱えるのは、中央が地方をつくってやるという発想だ。日本はいまだに中央集権的な国家観を拭い切れていないのではないか」


〈「日本人は豹変」と批判　「男装の麗人」川島芳子、少女時代を松本で〉

「日本人たる前に亜細亜《アジア》人でなければ成《なら》ぬ」


清朝の王族に生まれ、日本軍の謀略に関わったとされる川島芳子（１９０７〜48年）の書が、松本市の博物施設「歴史の里」の「川島芳子記念室」に展示されている。

父親の粛親王《しゅくしんのう》が、松本出身の大陸浪人川島浪速《なにわ》と親交を深めたことから、その養子となり、少女時代を松本で過ごした。長じて中国に戻り、「満州国」建国の際は、執政となった旧清朝皇帝溥儀《ふぎ》の妻を旅順へ連れ出す役割を果たした。「男装の麗人」として小説のモデルにもなった。

東京大大学院を修了し、芳子の研究を続ける阿部由美子さん（36）＝東京＝は「芳子は

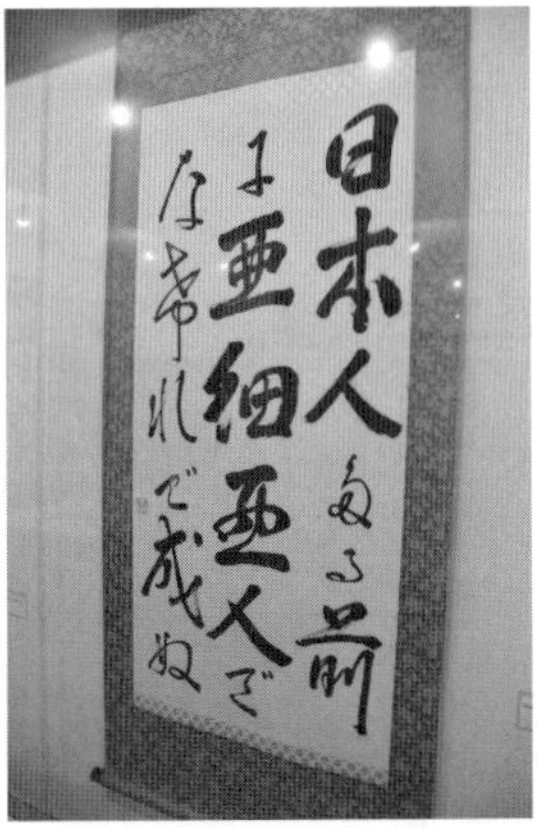
松本市「歴史の里」に展示されている川島芳子の書「日本人たる前に亜細亜人でなければ成ぬ」

清朝の復辟《ふくへき》（再建）によって、人々が安心して暮らせる世の中にしたいと願っていた」と話す。清朝滅亡後、中国は軍閥（地方の軍事政権）が割拠して混乱した。「満州国の『五族協和』は、多民族からなる清朝から引き継いだ面がある」と言う。

だが芳子は、満州国の実態を知り失望する。１９３７年、松本で講演し「日本人があちらへ渡れば非日本的な日本人に豹変」（「信濃毎日新聞」１９３７年３月25日付夕刊より）すると批判した。

**満州国**　日本陸軍が１９３１（昭和６）年９月に起こした満州事変に伴い、日本が占領した満州（現中国東北部）につくられた国家。32年３月、清朝最後の皇帝溥儀を執政（後に皇帝）として成立。同年９月、日本が承認した。議会は開設されず、実権は日本の関東軍が掌握。国際連盟が派遣したリットン調査団は同年10月、満州事変での日本の行動を「自衛」とは認められないとする一方、満州での権益を認める報告書を発表した。日本側は受け入れず、33年３月に連盟を脱退、国際的に孤立した。満州国は45年８月、ソ連に占領され、日本の敗戦とともに消滅した。

## 全国最多の満蒙開拓団

「ソ連軍に追われて逃げ回り、20日間も食べるものがなかった」「集団自決で女性や子どもを手にかけた」

2017年8月11日、下伊那郡阿智村の「満蒙《まんもう》開拓平和記念館」で「鎮魂の夕べ」が催された。慰霊祭の後、手作り水ギョーザを囲んでの交流会があり、かつて満州（現中国東北部）で開拓団や青少年義勇軍に参加した人たちが、1945（昭和20）年8月、ソ連の侵攻と日本の敗戦に伴う逃避行の体験を語った。

### 「もの言えぬ社会」の悲劇

長野県は3万人余の開拓団員と6千人余の義勇軍を満州に送った。ともに全国最多だった。信州は耕地が狭く、養蚕に頼っていたため、世界恐慌のあおりを受け、多くの移民が満州に渡った―。かつてはそんな説明がされてきたが、近年の研究では「貧しかったから満州へ行った」という説は否定されつつある。

「『貧しいから満州へ行った』という見込みで分析したら、何度やってもそうは言えないという結果になった」

長野市出身の金沢大准教授・小林信介さん（44）＝近現代日本経済史＝は、こう振り返る。移民送出と経済の関係を探り、著書「人びとはなぜ満州へ渡ったのか」（２０１５年刊）にまとめた。

旧満州、中国・黒竜江省の大地。戦時中、飯田下伊那地方から開拓団として渡った人や親族らの「水曲柳等友好訪中団」が2017年5月、訪問した(訪中団提供)

農家１戸当たりの耕地面積と繭の価格を指標にして、県内の全郡市町村を四つのタイプに分類して比較したところ、豊かさ・貧しさと移民の多さとは関係がないことが分かった。では、何が要因だったのか。

小林さんが注目するのは、社会運動弾圧の影響だ。県内でも満州移民が多かった下伊那では１９２４（大正13）年、青年たちの組織「リベラル・ヤングメンズ・リーグ（ＬＹＬＬ）」のメンバー19人が起訴された（ＬＹＬ

事件）。33（昭和8）年には、県内の教員、労働者、農民など608人が摘発された「二・四事件」が起きる。全国的に見ても大規模な弾圧事件だった。

各村内の批判的な勢力が一掃され、当時「国策」とされた満州移民が浸透しやすくなった。「村内に『ちょっと待てよ』と疑問や反対を投げ掛ける人がいなくなり、指導層の意向が通りやすくなった」と指摘する。

飯田市歴史研究所調査研究員の本島和人さん（68）は2015年、史誌「信濃」に発表した論文で、二・四事件が県当局の満州移民策に与えた影響を検証した。

それによると、1935（昭和10）年5月の地方長官会議で、昭和天皇が、大村清一・長野県知事に「教育界の状態はどうか」と「御下問」した記録があるという。

天皇は二・四事件を忘れてはいなかった。恐縮した大村知事は長野に戻ると、これを県内の教育界の代表者や各市町村長らに伝え、「畏《かしこ》き聖旨（意向）」に応えるべく、奮起を促した。国が進める満州移民策はその一つだった。県は拓務省幹部を招いて協議会や講演会を各地で開くなど、国が翌年「七大国策」に格上げするのに先駆けて、満州移民を本格化させていった。

本島さんは「市町村内の指導者の影響よりも、県レベルの圧力の方が大きかったと思う。当事者は戦後、多くを語らなかったが、語れなかったという弱さを含めて、事実を見つめ直す必要がある」と話す。

2017年8月11日、阿智村の満蒙開拓平和記念館で開かれた「鎮魂の夕べ」。参加者が旧満州の犠牲者を悼み、花を手向けた

近年、村を挙げての「分村移民」を拒んだとされる旧大下条村（現下伊那郡阿南町）の佐々木忠綱村長（1898〜1989年）が注目されている。晩年の証言を録音したテープが2015年、長野市内で見つかったからだ。1938（昭和13）年に満州を視察した時、「開拓」が実は土地の強制収用であり、疑問を持ったという。

現代史研究者の大日方悦夫さん（64）＝長野市＝によると、こうした村長は、

| 西暦 | 和暦 | 「満蒙開拓」を巡る動き |
| --- | --- | --- |
| 1932年 | 昭和 7 | 「満州国」建国。試験移民始まる |
| 33年 | 8 | 二・四事件起こる |
| 36年 | 11 | 満州移民が「七大国策」の一つに。20年で100万戸を目標 |
| 37年 | 12 | 大日向村の「分村移民」始まる |
| 38年 | 13 | 青少年義勇軍の送出始まる |
| 45年 | 20 | ソ連軍の侵攻。日本の敗戦 |

旧木島村（現飯山市）の佐藤副次村長など何人かいたようだ。ただ「佐々木村長の抵抗は、決定を引き延ばすなど消極的なものだった。はっきりと『やらない』とは言えなかった」。

大日方さんは、明治維新以降につくられた社会が、佐々木村長のような少数派が発言でき、それを受け止められるものではなかったことが、悲劇の根本にあると考える。

「ブレーキが失われた時、社会は危険な状態に陥ってしまう。明治期以来長い間、国民は国家に縛られてきた。敗戦でリセットされたはずだったが、最近の社会状況を見ると、本当にそうだと言えるだろうか」。大日方さんは、そう疑問を投げかける。

### 〈「国策」、移民の数値目標が10倍に〉

国文学研究資料館（東京都立川市）准教授の加藤聖文さん（50）＝日本近現代史＝は、2017年3月に刊行した「満蒙開拓団」で、満州移民が国策とされた過程を描いた。

主導したのは「満州国」を建国した関東軍だった。当初の目的は「建前でも『五族協和』を掲げた同国で、日本人が影響力を保つためだった」と話す。さらにソ連軍への備えやゲリラ対策、農村救済などの構想が合流して具体化し、早くも1932年秋から試験移民が始まった。

36年には「七大国策」の一つとなり、「20年間で100万戸」の目標が掲げられた。それまでの10倍の数値目標で、増強されつつあったソ連の極東軍に備える狙いだったという。37年に始まる旧大日向村（現南佐久郡佐久穂町）の「分村移民」が全国的に注目されると、腰が重かった農林省も、補助金を出して進めるようになった。その後、戦争の長期化で農村は人手不足となったが、それでも計画達成が求められた。

加藤さんは「国民主権となった現在、『国策』を決めるのは私たち。人任せにせず、絶えず見ていく必要がある」と話している。

# 残留邦人2世、3世の思いは

近代日本の対外拡張政策の一つだった満州（現中国東北部）の支配。「満州国」の崩壊とともに多くの開拓民が命を落とした。取り残された人も多数おり、戦後も世代を超えて影響を及ぼし続けている。

残留邦人の2世、3世として、現在は日本で暮らしている人たちがいる。出自と歴史をどう受け止め、何を訴えようとしているのか。共に長野県飯田下伊那地域にルーツを持つ、世代の異なる2人に聞いた。

中学校教諭　大橋春美さん（47）　下伊那郡豊丘村

## 国家と国民は違う

「その日見た真っ赤な夕日が、はっきり記憶に残っています」

大橋さんは中国・瀋陽（旧奉天）市で生まれ育った。小学1年生の時、同級生の男の子とけんかして「おまえは日本人だろ」と言われ、何も言い返せなかった。悲しさと悔しさがこみ上げた。

祖父母は現下伊那郡豊丘村から満州北部に入植した。祖父が亡くなった後の1945（昭和20）年8月、旧ソ連軍の侵攻を受けた。大橋さんの父・宮下英夫さん（77）は、祖母友江さんと数カ月間逃げて、奉天にたどり着いた。英夫さんは長じて人民公社で働いたが、日本人だからとあえてブレーキの利かないトラックを運転させられるなど、苦労したという。

「草の根の交流が大切だと思う」と話す大橋さん

英夫さんはやがて中国人女性と結婚、春美さんが生まれた。家族ぐるみで帰国したのは78（昭和53）年12月、春美さん8歳の時だった。

「〝日本人になる〟ことが目標だったので、（話し方などで）自分が周りと違うことに引け目を感じていました」

努力して英語の教員になった。1年目の夏、外国籍や帰国者の子どもたちの学習支援を考える教員の勉強会に出席した。

ある教員が「彼らは勉強の悩みもあるけれど、もっと深いところで苦しんでいる。中国出身だと知られるのを不安に思っている」と発言した。それを聞き「心のよろいがほろほろと解けた」気がしたという。

「自分の問題を分かってくれる人がいるんだと、初めて思いました」。会の中で出自を打ち明けた。以来折に触れ、授業で自分の体験や中国語の話題を交えている。「英文法も大事だけれど、違う文化を持つ人が身近にいることを覚えておいてほしい」と願う。

各地で講演したり、阿智村の満蒙開拓平和記念館で平和学習のボランティアをしたりする。子どもたちに歴史を語ることもある。

「後から振り返れば、祖父母も侵略に加担したことになりますね。でも、祖父母はそうは思っていなかったと思う。自分の思いと違うところで動かされていた」

東アジアの緊張が高まるとき、思い浮かぶのは両親が結婚した時のエピソードだ。

英夫さんとの見合い話を受けた母・玉江（中国名は劉玉鳳）さん（76）は、家族に「日本人は怖い」と打ち明けた。玉江さんの父親は「戦争は日本の国が起こしたけれど、開拓団の人たちは被害者だ」と諭してくれた。父親の友人が、開拓団員と良い関係を築いていたからだ。

「国家と国民は違う。人と人との付き合いの中で体験したことが、真実になっていくのだと思います」

信州大学４年生　宮島　英也さん（22）　長野市

## 個人を見てほしい

宮島さんは飯田市時又生まれ。父方、母方の祖母が満州に残され、現地で中国人男性と結婚した。宮島さんの両親は中国で生まれ、それぞれの家族と１９８０年代に帰国。日本で知り合い結婚した。

宮島さん自身は「中国へのイメージはよくなかった」と言う。祖父２人は自分が生まれ

「両親や祖父母の苦労を知り、尊敬と感謝を感じる」と話す宮島さん

る前に亡くなっていたし、近所に住む中国人が夜遅くに騒いでいたり、中国で不正な模倣品が横行している—といった報道を見聞きしたりしていたからだ。自分の家庭の雰囲気が周囲と違うことに気づくと、「家のことは外で話せないな」と思うようになった。小中学校の同級生に「中国人」と言われたこともあった。

満蒙開拓の歴史はほとんど知らなかった。中学生時代に亡くなった母方の祖母秦洋子さんは生前、ぽつぽつと体験を語ってくれた。収容所で「一緒に寝ていた人が、朝亡くなっていた」といった話もあったが、途方もなくて受け止められなかった。

転機は予備校生時代に訪れた。親しくなった日本史の講師に思い切って打ち明けたところ、「それはおまえの強みだよ」と言われ、「肩の力が抜けた」。大学に進んでからは友人にも話すようになり、少しずつ中国の文化や満蒙開拓の歴史を学んだ。父方の祖母るいさんの苦労が、帰国支援に取り組んだ故・中島多鶴さんの半生を描いた本「沈まぬ夕陽《ゆうひ》」に書かれているのも見つけた。

「事実を知って、怒りや悲しみもあったけれど、自分につながる歴史が分かった。初めていろいろなことが腑《ふ》に落ちた気がしました」

卒業論文では、同じように悩む帰国者の3世、4世の気持ちや、彼らの悩みをどう解決するか―をテーマに選んだ。教員となって支援に取り組みたいと考えている。

大学以外でも、満蒙開拓の講座や講演会などに積極的に参加している。

「(満州侵略は）話し合うことから逃げて、武力に頼った結果の悲劇だった。日本、中国、朝鮮の誰にとってもいいことがなかった」

一方、村を挙げての「分村移民」を拒んだ村長や、帰国支援に取り組んだ人々がいたように、「国策」を疑問視した人、国家の枠を超えて運動した人もいたと知った。旧満州では、敵だった日本人である祖母らを受け入れてくれた。そうした人々の存在に勇気づけられた。「国家や民族という枠ではなく、個人として見ていくことが大切だと思う。僕がかつて悩んでいたのは、周りから個人として見てほしかったからだと思います」

## 〈苦しみは帰国後も　後手に回った政府の支援〉

満州からの引き揚げは、１９４９（昭和24）年に中華人民共和国が誕生すると、日本との国交が結ばれた72年まで中断した。その後の「残留孤児」の帰国支援は、下伊那郡阿智村の住職、山本慈昭《じしょう》さん（１９０２～90年）ら民間の運動が主体だった。国は81年、孤児らが一時帰国して親族を捜す集団訪日調査を始めた。

政府は終戦時におおむね13歳以上の女性を「残留婦人」とし、「自分の意思で残った」としたため、彼女らの支援が後手に回った。93（平成５）年に12人が「強行帰国」して問題を訴えたことをきっかけに、翌94年、希望者全員の帰国を可能にする「中国残留邦人等帰国促進・自立支援法（帰国促進法）」を施行した。

ただ、帰国者は言葉の壁や就職で苦しみ、２００１年以降、国に損害賠償を求めて全国で集団訴訟が起きた。原告の敗訴が続いたが、07年、政府が同法を改正して新たな支援策を打ち出したため、原告側は訴訟を取り下げた。

厚生労働省によると17年９月末現在、永住帰国した人は全国で６７２０人に上る。

# 第7章 マツシロから見えるもの

長野市の松代大本営地下壕《ごう》跡には、国内外から年間約8万人の見学者が訪れる。巨大なトンネル網は陸軍が本土決戦の拠点として計画したとされ、工事には朝鮮半島からも多くの労働者が動員された。日本の近現代を考える上で重要な意味を持っている。

## 本土決戦の中枢として

「堪ヘ難キヲ堪ヘ忍ヒ難キヲ忍ヒ…」。ラジオから昭和天皇本人の声で「終戦の詔書」が流れた。1945(昭和20)年8月15日正午。国民が敗戦を知らされたこの日の早朝、陸軍大臣阿南惟幾《あなみこれちか》は官邸で割腹自殺を遂げた。

阿南の最期に立ち会った一人に、井田正孝中佐がいる。敗戦を伝える「玉音放送」を阻止しようと青年将校が決起した「宮城事件」に関わった人物だ。松代大本営の発案者は、この井田であり、工事期間中、阿南も2度、現地を視察している。

戦後、井田が残した証言が興味深い。「松代大本営は本土決戦のための中枢として準備されたものです。本土決戦は、結局国体護持という大目的を達成するために敵に最後の一撃を与えるということです」(日本放送協会編「歴史への招待」32巻)

大本営とは、戦争指揮の最高機関のことで、天皇は頂点に立つ大元帥だった。東京にある大本営を内陸部の信州に移す—。これが陸軍主導で進められた松代大本営計画である。

関係者の証言を収めた「昭和史の天皇2」（読売新聞社編）によると、陸軍省軍事課予算班に所属していた井田が陸軍次官の富永恭次中将に移転を進言したのは、44（昭和19）年の初めころ。戦況の悪化に伴い空襲を避ける狙いがあったと語っている。

多くの見学者が訪れる松代大本営地下壕跡。平和教育の“教材”としても定着している＝2017年9月

候補地は八王子だったが、後日、富永から「信州あたり」で探すように命じられ、専門家2人と共に県内を調査し、松代に落ち着いた。地質、地理的条件に加え、天皇を迎え入れる品格や風格、信州は〝神州〟に通じる―といったことも考慮されたようだ。

設計段階になると、計画は松代の象山・舞鶴山・皆神山に地下壕《ごう》を掘り、天皇皇后の御座所や大本営だけでなく、政府省庁なども入れる大規模なものとなった。政府機関まで含めたのは、東条英機首相の指示とされる。掘削工事は11月から敗戦まで続けられ、9カ月間で8割が完成したというから、すさまじい突貫工事だった。

## 犠牲を生んだ「国体護持」

陸軍はなぜ、この計画に踏み切ったのか。

松代大本営研究の基礎を築いた長野県短期大教授の青木孝寿《たかじゅ》さん（故人）は、当初は空襲を回避する目的だったが、本土決戦にかじを切るにつれ「本土決戦の作戦指揮の中枢」、さらには「国体護持のための拠点」へと変わっていった―との見方を示している（「松代大本営　歴史の証言」）。

明治以降、日本の近代が抱えた「国体」概念は単純ではない。ここでは「万世一系の天皇が統治する国家体制」と押さえておきたい。

本土決戦の方針は、沖縄戦が敗色濃厚となった45年6月8日の御前会議でも確認されている。

軍事史に詳しい明治大教授の山田朗《あきら》さん（61）は「本土決戦に持ち込めば米軍に大きな出血を強いることができる。米軍は勝利を確信していても出血は避けたいから、国体護持の条件を引き出せる―。陸軍はそう考えたのです」と解説する。これが冒頭の井田証言の意味だ。

連合国が無条件降伏を突きつけたポツダム宣言は７月26日。受諾か否かを巡って日本の首脳部が最も腐心したのは、国体護持の保証だった。鈴木貫太郎首相、阿南陸相らの間で激しい議論が交わされ、正式に受諾したのは８月14日になってからだった。この間、米軍は広島・長崎に原爆を投下、ソ連軍は満州（現中国東北部）や樺太（現サハリン）南部に侵攻し、多くの国民が犠牲を強いられた。

2017年9月末、長野市内でNPO法人松代大本営平和祈念館が主催した公開講座。明治大の山田朗さんが講師を務め、昭和天皇と戦争の関係について語った

「国体護持」とは何だったのか。

松本市の高校教師・染野雄太郎さん（25）は大学時代、国体護持と本土決戦の視点から松代大本営の歴史を考える卒業論文に取り組んだ。戦争末期に叫ばれた「国体護持」が、陸軍や皇族、政治家

の間でどう受け取られていたかに迫った意欲作だ。

「国体とは、戦争で死にゆく者の精神を安定させるものだったのではないか。日本人全体が洗脳されていたとも言える。だからこそ、初めから結論ありきではなく、事実を学び、自分の頭で考える人を育てる教育が求められているのだと思います」

染野さんは2017年から長野市で始まった「『松代大本営』研究会」（原昭己《あきみ》・事務局代表）に参加し、新たな探求に取り組んでいる。

## 〈天皇の真意、見えぬまま〉

宮内省の担当者が松代を視察したのは、1945（昭和20）年6月になってからだ。報告を受けた天皇側近の政治家木戸幸一は、「松代のことはちょいちょい聞いていたが、そこまで行ってはもうおしまいで、結局洞窟の中で自殺する以外になくなってしまう」「御動座についての話には、ほとんど関心を持たなかった」と述べている（「昭和史の天皇2」）。

7月31日の木戸の日記には、昭和天皇が三種の神器を「度々御移するのも如何かと思ふ故、信州の方へ御移することの心組で考へてはどうかと思ふ」「万一の場合には自分が御守りして運命を共にする外ないと思ふ」と語ったとある（「木戸幸一日記」）。
だが「昭和天皇実録」には松代大本営の記述がなく、天皇の真意は不明だ。日本政治思想史や天皇制に詳しい放送大教授の原武史さんは「天皇が松代大本営に行くつもりがあったかは疑問だ」と指摘する。理由として皇居内に造られた鉄筋コンクリート製の「御文庫《おぶんこ》」を挙げる。頑強な防空施設を備えた天皇の住まいのことで、45年にはさらに強力な御文庫地下壕（付属室）を造った。「あくまで東京にとどまると考えたからではないか」とみる。

明治大の山田朗さんは「天皇は大元帥だった。総司令部が信州に立てこもったのでは士気低下は免れがたい。天皇は最後の最後まで東京に踏みとどまりたかったと思う」と推察する。

戦後の47年10月の天皇巡幸の際、長野市内の展望台で林虎雄知事に「この辺に戦争中無駄な穴を掘ったところがあるというがどの辺か」と尋ね、林知事が「正面に見える松代町の山陰に大本営を掘った跡があります」と答えている（１９４７年10月14日付信濃毎日新聞）。

## 朝鮮人労働者の動員

松代大本営の工事に動員された朝鮮人労働者の証言や資料を展示する民間施設「もうひとつの歴史館・松代」。長野市が公開する地下壕跡のすぐ近くとあって、入館者は年間5千人を超える。

「労働者には、お金を払ったのだから問題はないでしょう」「強制労働とは言えないのでは」…。この施設で2012年から解説を務める塾経営・原昭己《あきみ》さん(64)＝長野市＝は、こんな感想を述べる若い来館者が少なくないと話す。「あくまで感触としてですが」と断った上で、「若い人の間に〝嫌韓〟的な気分が広がっているのではないか」と懸念する。

1944(昭和19)年の11月から始まった地下壕工事には日本人も動員されたが、主力は7千人ともいわれる朝鮮人労働者だった。建設会社の西松組、鹿島組などが軍から請け負っていた。ただ敗戦直後に関係機関が重要文書を処分したとされ、全体像を知るには証言が頼りだ。

掘削に従事し、91（平成3）年に亡くなるまで地元で暮らした崔小岩《チェソアム》さんのような「語り部」がいなくなった今日、さまざまな見解が飛び交う。最近は慰安婦や徴用工を巡るネット上の論議の影響も大きい。「実態はどうだったのか。日本の植民地支配の歴史を踏まえて証言を検証し、入館者に説明するように心掛けている」と原さんは話す。

「もうひとつの歴史館・松代」で、朝鮮人労働者の証言や資料について来館者に解説する原昭己さん

例えば、賃金一つとっても単純ではない。注目したいのは、西松組の社員だった金錫智《キムソッチ》さんの証言だ。軍からの日当は1人当たり2円10銭で、西松組や下請けの親方がピンハネし、末端には「80銭か90銭しか渡らない仕組みだった。孫請けになるとそれ以下」。さらに飯代などが引かれたと語っている。「特別な技術者」は別扱いで、同じ労働者でも格差があったことがうかがえる（林えいだい著「松代地下大本

営」）。

崔さんによると、宿舎は地面に屋根を立て掛けただけの「三角兵舎」。コーリャンや大豆かすが入った粗末な食事で下痢と空腹に悩まされながら、二交代制でひたすらトンネルを掘った。苦しさのあまり、自殺した人もいたという（前掲書）。

言動は憲兵が潜り込ませた同胞の朝鮮人スパイによって常に監視されていた。元長野地区憲兵隊長は「7千人の朝鮮人労働者の暴動」を恐れたと語っている（信濃毎日新聞社編「信州　昭和史の空白」）。

作業は過酷を極めた。落盤やダイナマイト事故がしばしば起こり、多くの死傷者が出たとの複数の証言がある。だが、誰が・いつ・どのようにして亡くなったのか―。ごく一部を除き、基本的な事実すら今もって判明していない。

## 植民地支配　問題の本質

慶尚南道出身の朴道三《パクトサム》さんは、経緯が分かっている数少ない一人だ。1945年2月に故郷から松代に連行され、4月18日に発破事故で命を落とした。朴さんと一緒に連行された金昌箕《キムチャンギ》さんは、新婚早々に有無を言わさず連れ去られたと証言している。研究者の原山茂夫さん（88）らが編集した「岩陰の語り」に詳しい。95年に朴さんの息子が慰霊に訪れ、「こんなことのために、なぜ死なねばならなかったのか」と語っている（1995年8月10日付信濃毎日新聞夕刊）。

国家総動員法に基づく国民徴用令が朝鮮に適用されたのは、44年9月以降。戦争で不足した日本内地の労働力を植民地から強引に調達するためだった。朴さんらはこれに当たる。

一方、語り部の崔さんは、38年に兄を頼って渡航し、トンネル工事の技術を身に付け宮城県から松代に来た。いきなり連れて来られ、布団の中で涙を流す年若い同胞たちへの思いを証言に残している。

NPO法人松代大本営平和祈念館が開いた犠牲者追悼の集い。毎年、発破工事が始まった11月11日に行われる＝2017年、長野市松代町清野

松代には、さまざまな経緯で動員された朝鮮人労働者が混在していた。こうした背景などもあって、「全てが強制とはいえない」といった

議論が近年、起きている。

「徴用が強制で、そうでないケースは強制ではない、といった議論は以前から繰り返されてきた。こうした言葉の対立は、あまり意味がないと思う」。「朝鮮人強制連行」の著者で、日本近現代史に詳しい東京大教授の外村大《とのむらまさる》さん（51）は、こう指摘する。

「個々にはいろいろな事情があったにしても、そもそもなぜ朝鮮の畑を耕すべきはずの人が日本に来たのか。そこにこそ問題の本質があるはずだ。日本の植民地支配の構造そのものに目を向けて考える必要がある」

**〈皇民化強制、欠かせぬ観点〉**

1910（明治43）年、日本は軍事力を背景に朝鮮を植民地に組み入れ、敗戦までの35年間、朝鮮総督府を通して統治した。

「一貫しているのは、同化主義。単なる同化ではなく、同化と言いながら一方で差別するといった特徴があった」と、千葉大教授の趙景達《チョキョンダル》さん＝朝鮮近代史＝は指摘する。

趙さんによると、1937（昭和12）年に日中戦争が始まると朝鮮を総力戦体制に組み込むため、総督府は皇民化政策へと踏み出す。皇国臣民をつくるためのいわば「洗脳」政策である。

国旗掲揚や神社参拝、「国語」奨励などのほか、「皇国臣民の誓詞」を斉唱させた。38年に朝鮮語を正課から外すなどの教育改革を実施。40年には姓を日本式に変える創氏改名を行い、44年に徴兵制を実施する。

「皇民化政策の狙いは徴兵制にあった。植民地兵を使いたいが、日本は朝鮮人を信用していない。武器を持たせるために皇民化が必要だった」と、趙さんは解説する。

朝鮮に労働力の提供を割り当て、本格的な調達に乗り出したのは39年から。当初「募集」や「官斡旋」といった方法を採ったが、実態は警察や行政機関を使った動員だった。44年には国民徴用令を適用し、各地の過酷な現場に投入した。

「もうひとつの歴史館・松代」で解説を務める原昭己さんは「朝鮮人労働者の実態も皇民化の強制という観点が欠かせない」と話している。

## 平和学習の教材として

2017年9月10日の昼下がり。長野市の長野俊英高校・郷土研究班3年生の古田純さんらは、松代大本営地下壕跡の案内を終えた後、近くの食堂で2人の見学者と懇談した。満蒙開拓平和記念館（下伊那郡阿智村）の事務局長、三沢亜紀さん（50）と上田女子短大（上田市）の専任講師、山本一生《いっせい》さん（37）だ。

郷土研究班は長年、大本営建設を巡る地域の歴史を聞き取り調査などによって掘り起こし、地下壕の案内・解説を行ってきた。現在は先輩たちが作った台本を基にしたガイドが主な活動で、調査は休止している。この日も、過去に収集した元朝鮮人労働者の悲惨な事故と、住民と労働者との交流のエピソードを一つずつ盛り込み、両面から説明する定番の内容だった。

懇談では、こうした証言を基に歴史を再現する難しさに話題が及んだ。近代教育史が専門の山本さんは「交流を強調し過ぎると美談になってしまう。強制労働を強調し過ぎると悲劇の物語に陥る恐れがある。事実として何があったかを丁寧に見ることが大事になっていく」と助言。三沢さんは「戦争体験者が少なくなっているが、どんな形であれ、会って体験を聞くことに大きな意味があると思う」と語った。

三沢亜紀さん（左・奥）、山本一生さん（左・手前）と懇談する長野俊英高校郷土研究班の生徒たち＝2017年9月10日

研究班の活動は、1985（昭和60）年の沖縄修学旅行に衝撃を受けた生徒たちが、足元の地下壕に目を向けて調査と保存に取り組んだのが始まりだ。以来、県内外に「マツシロ」を発信し、高い評価を得てきた。

だが、活動は試行錯誤の連続だった。「地元の理解が得られず苦労した」。2013年の退職まで顧問を務めた元教頭、土屋光男さん（69）は振り返る。「何度も足を運び、徐々に信頼してもらえるようになった」

長野市松代町西条の農業、宮入忠政さん（82）によると、地元には当初、政治的な運

強制立ち退きの体験を語る宮入忠政さん＝2017年11月2日、長野市松代町西条

動ではないかとの警戒感があったと言う。「ある日、郷土研究班の説明会があると聞いて女房と地下壕に行ったら、高校生たちが一生懸命にやっている。それを見て協力しようという気持ちになった」と振り返る。

天皇の御座所が造られた西条地区は45（昭和20）年4月、124世帯が軍から強制立ち退きを命じられ、宮入さん一家も住み慣れた家を追われた。「地下壕を教材に歴史を語り、反省することで、日本が再び悪い方向に進まないようにしてもらいたい」と高校生たちの活動に期待を寄せる。

## 証言から歴史に迫るために

大学で日本近現代史を学んだ土屋さんには、一つの歴史認識があった。「明治維新以降、日本には帝国化する道と中国や朝鮮と協力していく道の二つがあったはずだが、帝国化してしまった。松代大本営は、その象徴ではないか」。だが、学校や地域の中で活動を位置付けるに当たって自らの歴史観・価値観を出さないように心掛けた。

「丹念に証言を集め、生徒たちが自分の頭で考えられるような活動を目指した。生徒たちの自信につながったと確信しているが、近現代史の流れの中にマツシロを位置付けるといった学習は少し弱かったかもしれない」

土屋さんは退職を機に体調を崩し、マツシロから遠ざかっていた。最近、ようやく冷静に振り返ることができるようになったと話す。

長野俊英高校郷土研究班が抱える課題は、フィールド調査を重視する平和学習全般に当てはまることだ。身近な証言から歴史の全体像に迫るためには何が必要なのか―。

「例えば、朝鮮人労働者と交流したという証言に出合ったときに、『みんなが交流したの？』『どのような交流だったの？』といった疑問を自らに突きつけてみる。証言に対する問い掛けによって、歴史や社会に対する認識を深め鍛えていく作業が欠かせない」

日本現代史を研究し、教育現場にも詳しい信州大准教授の大串潤児さん（48）の指摘だ。

郷土研究班顧問の海野修さんに今後の活動方針を尋ねると、「過去の証言録を検証し、ガイド用の新たな台本を作る。可能なら、聞き取りもやってみたい」との答えが返ってきた。

1年生の高野礼さんは「韓国の人や日本の人、だれが聞いても納得できる案内を目指す」。班長の2年生、黒岩和音さんは「先輩たちが残した資料もたくさんあるのでもっと勉強していきたい」。メンバー一人一人から強い意欲が伝わってきた。

## 〈被害と加害、複合的な視点で〉

松代大本営を巡る平和学習に取り組むのは長野俊英高校郷土研究班だけではない。

1982(昭和57)年、同じ長野市の更北中学校で当時、飯島春光さん(64)が担任をしていた生徒たちが地下壕跡を調査し、87年には松代で600戸の聞き取りを行った。86年には、市民団体「松代大本営の保存をすすめる会」(現在「NPO法人松代大本営平和祈念館」)も発足した。一連の流れが90(平成2)年の地下壕跡の一般公開につながった。

2016年に平和祈念館がガイドを行った見学者は約1万9300人で、小中高生が7割近くを占めた。マツシロの学習が定着していることがうかがえる。

飯島さんによると、１９７０年代の平和学習は家族の戦争体験の聞き取りや原爆をテーマにするケースが多く「被害の歴史」に傾きがちだった。

「マツシロを教材にすることで、子どもたちが『なぜここに朝鮮人がいたのか？』といった疑問を抱き、被害と加害の歴史を複合的に見る視点が生まれた」と飯島さんは指摘する。

ただ、地元の住民に比べて元朝鮮人労働者の証言は取りにくく、聞き取りに重点を置いた学習には限界もある。

上田女子短大の山本一生さんは「朝鮮人労働者が戦後、どう移動したのか、子どもや孫はどうしているのか、といった観点から証言を聞くことも重要だ。そうすることで歴史を現在の問題として見ることができるのではないか」と話している。

# 第8章 足元の歴史を見つめる

時代は大きな曲がり角を迎えている。国家に従う立場に置かれがちな「地域」が進む方向を見いだすには、国史では描かれない足元の歴史を見つめることが不可欠だ。「郷土研究」「郷土教育」の取り組みから、地域の歴史を後世に伝える意味と課題を考える。

# 栗岩英治の「わらじ史学」

「(昭和天皇を) ヒロヒトと呼び捨てにしたことを断固、訂正するべきだ」

2012年秋、東信地方の中学校に、社会科の授業内容を知った男性住民がこんな苦情を寄せた。ある男性教諭が「ヒトラー、ムッソリーニ、ジャパニーズ・エンペラー・ヒロヒト。連合国側では、この3人がファシズムの象徴とされていた」と発言したことへの抗議だった。

教諭の発言は、第2次世界大戦時の海外メディアの報道を素材に、国際社会で孤立する日本の状況を説明する意図だった。報道に敬称はない。だが、教諭は校長に呼び出され、こう問われた。「クレームが来ている。先生の授業、偏っていないか」

その後も数カ月間、学校や教育委員会宛てに教諭の授業を批判する文書が送られてきたという。

「授業から『自虐史観』を感じ取ったのだろう」と教諭は振り返る。この頃、インターネット上に、自国への批判を許さない国家主義的な投稿が目立つことに気付いていた。

『物言えば唇寒し』という時代が来ると覚悟していました」
歴史的事実に基づく多様な考え方が不当に抑え付けられる―。こうした状況は戦前の日本とも重なる。

## 地方史から「国史」を問う

「郷土史の出来上《あが》つた上に、それを基礎として国史の修正と添削とが行はれねばならない」。下水内郡外様《とざま》村（現飯山市）出身の郷土史研究家・栗岩英治《くりいわえいじ》（1878～1946年）は「新国史を地方史の上に樹《た》てよ」と題した一文で、郷土に残る文献や習俗、地理など、多面的な実証研究を積み上げることで、中央からの視点に偏りがちな「国史」を見直す必要を強調した。

「新国史を―」を収めた冊子をまとめたのは太平洋戦争中の1943（昭和18）年。明治以降の国家神道と結び付き、日本の歴史を「万世一系」の天皇が君臨する「神国」の歴史として描く「皇国史観」の影響力が最も強まっていた。皇国史観から外れるものは弾圧の標的になった。

栗岩は、独学で史学や考古学の知識を深め、29（昭和4）年に「長野県史編纂《へんさん》委員会」

栗岩英治
（長野県立歴史館所蔵）

の委員に就任。死後に刊行された古代から江戸時代にかけての史料集「信濃史料」の礎を築いたことで知られる。

　飯山市ふるさと館では2017年10月から12月にかけて、企画展「わらじ史学―栗岩英治の探究心と未来へのまなざし」が開かれ、栗岩の日記の原本など約30点が並んだ。

　栗岩の「わらじ史学」とはどんなものだろう。ふるさと館学芸員の宮沢崇士さん（35）は「誰かが言ったことをうのみにせず、自分の足で地域を歩き、自分の目で史料を見て、新しい歴史像を考えること」と説明する。

　県史編纂委員に任命された直後、1929（昭和4）年7月21日付の栗岩の日記からは「わらじ史学」の一端がうかがえる。

「八時頃より出《い》で、芹田の観音堂及芹田館址と称する場所に八幡を見（中略）更に漆田城址及観音堂、姫塚を見る」。長野市内の史跡を一日がかりで次々に巡ったことが分かる。

同8月には、関ケ原合戦後に上杉家の国替えで北信濃の武士が移り住んだ米沢（山形県）

を訪ねている。

地域に分け入り、文献を集めるだけでなく、考古資料や地名、地理、民俗など幅広い視野から地域を捉える手法が栗岩の特徴だった。足を泣かせて膨大な史料を収集した。ただ、戦局悪化もあり、県史刊行のめどは立たなくなった。

飯山市ふるさと館で2017年10～12月に開かれた栗岩英治の企画展。日記の原本などが並んだ

栗岩は43年に脳卒中を発症。戦後間もない46年9月に死去する。改めて「信濃史料刊行会」が組織されるのは51年のことだ。

栗岩の死から70年余。ネット上には国家主義的、排外主義的な言説があふれている。中央集権的な意識や構造は残ったままだ。そうした中で「わらじ史学」の意義をどう考えるべきか―。

信州の地域研究の歴史に詳しい筑波大教授の伊藤純郎さん（60）＝日本近現代史、伊那市高遠町出身＝は、地域を歩き、丹念に調べ上げる栗岩の手法を

栗岩の「新国史を地方史の上に樹てよ」を収めた「町村の史的価値及びその研究法」（1953年発行の増補版）

高く評価し、「歴史を考える時、最初から国家ありきではない」と強調する。「出発点は『今』という時代と、自分が立っている『ここ』。足元の地域、郷土こそが国家や世界の問題を考える糸口になる」

長野県短期大学長の上條宏之さんは、「わらじ史学」が「皇国史観」や国家主義に収まるものではなかったと考えている。「村々を歩き、実態を見て回れば、民衆の生活のさまざまな現実に触れられる」ためだ。「きれいに整理、集約して『史観』にしてしまうと、多様な事実がこぼれ落ちてしまう」と警告する。

## 〈研究の担い手育てた「信濃講座」〉

栗岩英治の功績は、自身の研究だけにとどまらない。長野県立歴史館（千曲市）専門主事の村石正行さん（46）は「戦後の『信濃史料』『長野県史』編纂の中心になったのは学校の先生。その人材を育てたのが栗岩さんだった」と話す。

栗岩は１９３０（昭和５）年から38年にかけて「信濃講座歴史の部」の講師を務めた。栗岩が書き下ろしたテキストを使って各地の寺社や史跡を巡り、文献の収集や読解、写真撮影を行った。「新国史を地方史の上に樹てよ」を収めた冊子「町村の史的価値及びその研究法」は、講座のテキストなどをまとめたものだ。

村石さんの研究によると、毎年8月上旬に開かれた講座には各回、教員や県師範学校の学生ら約50人が参加した。「信濃史料」の編纂主任や「長野県史」の編纂委員長を務めた一志茂樹（１８９３〜１９８５年）、信濃史料の常任編纂委員や県史の編纂委員を歴任した金井喜久一郎（１９０３〜２０００年）らが名を連ねた。

一志は栗岩の死後、こう記している。

『栗岩史学』の成長こそ、今後における地方史の秘庫を開いてゆく大事な鍵の一つであり、それによつては、栗岩さんが常にいつてをられたやうに、日本史の書き替《かえ》もある程度まで可能となるのではなからうか」

## 廃刊に追い込まれた「蕗原」

昭和恐慌で農村が疲弊し、満州事変による国際的な緊張が高まっていた時期―。日本にとって経済的にも政治的にも厳しさが増していた1932（昭和7）年、長野県上伊那郡伊那富村（現辰野町）の伊那富小学校の教員らが中心となり、郷土研究誌「蕗原《ふきはら》」が創刊された。

「この地域で郷土の研究に心を向けていた者は、多かれ少なかれ（「蕗原」に関わった人の）影響を受けたでしょう」。上伊那郷土研究会の前会長、伊藤一夫さん（83）＝伊那市＝はこう話す。研究会は郷土誌「伊那路」を60年余にわたって発刊し続け、地域研究の伝統を今に受け継ぐ。

「蕗原」に参加したのは、後に東北大名誉教授になる竹内利美（長野市出身、1909～2001年）、戦後に「上伊那誌」などの編纂に携わる中村寅一《とらいち》（1902～78年）、柳田国男賞を1970年に受賞した向山雅重《むかいやままさしげ》（1904～90年）ら。

竹内は、84年7月16日付の信濃毎日新聞夕刊で『蕗原』は全く仲間の気儘《きまま》な『寄書帖《よせがきちょう》』

1932年に創刊された上伊那の郷土研究誌「蕗原」の原本

としてはじまったが、号を重ねるうちに次第に民俗研究の地方誌の形になっていった。（中略）手近かの古老たちを訪ねては聴取面接の材料あつめを、各自競ってはじめた」と振り返っている。

　信州では明治期から地域研究が盛んで、大正期には多くの郡で「郡誌」が編纂された。歴史や地理に民俗を含めた多面的な研究が特徴だった。

　筑波大教授の伊藤純郎さんによると、さらに１９３０年代初めから、教員が赴任先の地域の歴史や地理を調べる「郷土研究」の結果を授業に生かした「郷土教育運動」も全国各地で展開されていた。地域づくりの担い手を育てる目的だった。

　32年の「蕗原」創刊も、この流れの一つだ。農村の疲弊を背景に「自分たちの村はなぜ貧し

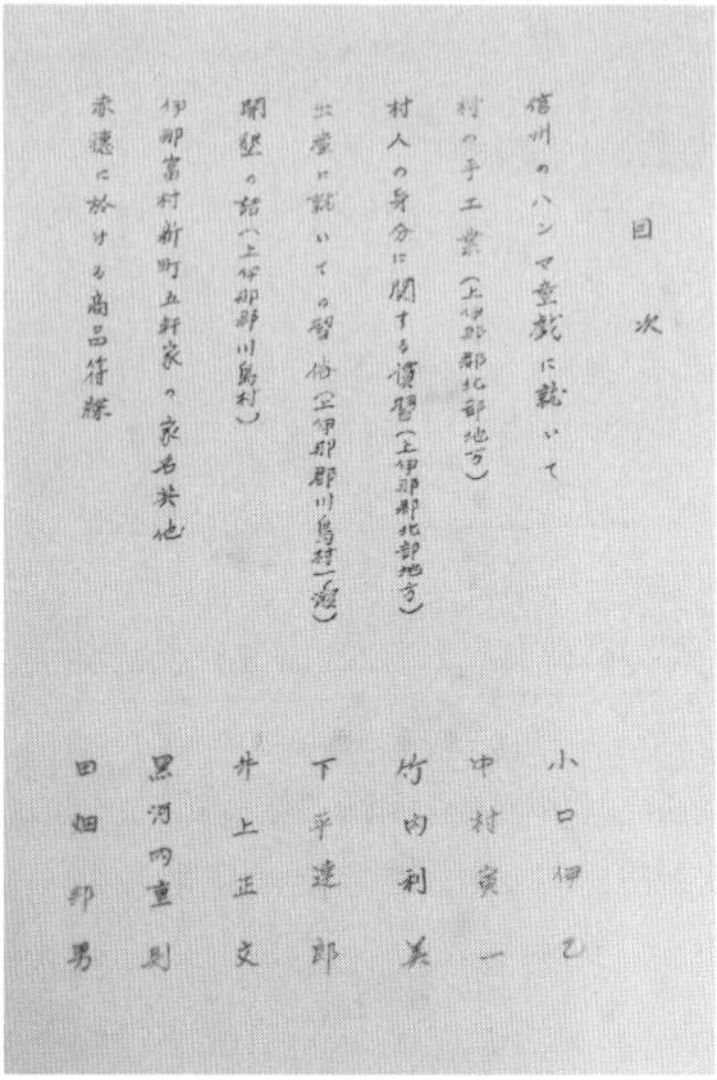

目次

信州のハンマ童戯に就いて　小口伊乙
村の手工業（上伊那郡北部地方）　中村寅一
村人の身分に関する慣習（上伊那郡北部地方）　竹内利美
出産に就いての習俗（上伊那郡川島村一帯）　下平達郎
開墾の話（上伊那郡川島村）　井上正文
伊那富村新町五軒家の家名其他　黒河内重則
赤穂に於ける商品符牒　田畑郁男

「蕗原」第2巻第1号の目次。中村寅一の「村の手工業」のほか、村人の身分関連の慣習や、出産に関わる習俗などの論文が収録されている

いのか、地域の現状分析が大事ということになった」（伊藤純郎さん）という。

33年の第2巻第1号に収めた中村の論文「村の手工業」では、明治期の「木挽《こびき》と杣《そま》」や「屋根葺《ふき》職人」ら、さまざまな業種の人々の実態を聞き取った結果を記した。第2巻第3号に竹内が寄せた「村の奉公人」では、地主―小作関係の影響などを軸に、奉公人の仕事内容や賃金の変化を分析している。

「蕗原」の活動を支援した上伊那郡朝日村（現辰野町）出身の社会学者、有賀喜左衛門（1897～1979年）は、竹内らの著書「南伊那農村誌」（38年）の序文に「民族の持つ真の力を自覚する事は（中略）生活事象の深い理解から始まる」と記し、「蕗原」を高く評価した。

一方、この序文で有賀は「徒《いたず》らに抽象的な若《も》しくは曲解された日本精神」の「昂揚《こうよう》」を批判した。この批判について伊藤純郎さんは、ナショナリズムを強烈にあおる「当時の『天皇制教育』への批判だった」と指摘する。有賀は、国家よりも身近な地域に目を向ける姿勢に共感したのだ。

## 郷土研究にも戦時の圧力

「蕗原」創刊の翌年、信州で教員ら６００人余が摘発された思想弾圧事件「二・四事件」が起きる。この時は同誌への影響は少なく、発行は続いた。

だが37（昭和12）年７月の日中戦争開戦を機に、思想面の締め付けが一層強まり、翌38年、ついに「蕗原」は廃刊となる。竹内は、市民生活に「圧力」が加わり、発行責任者が警察に呼び出され「不当な訊問」を受けたこともあったと、信濃毎日新聞夕刊で述べている。

「信州の地方史は、地域にまなざしを向け、地域の史料に基づき、先入観なく描くのが特徴だった」と話す伊藤純郎さん

戦時の圧力に屈した形になった

「蕗原」。だが、伊藤純郎さんは「ナショナルな歴史とローカルな歴史には溝がある。『蕗原』の人たちはローカルの素晴らしさを教えることが大事と考えていた」と強調する。

「お国のために尽くせる児童を育てよう―と言っておけば、誰からも非難されないだろう。ただ、本当にそんなことを高らかに言う教育がいいのか」。実際にたくさんの若者が満蒙開拓青少年義勇軍や兵士として、戦場や中国大陸で犠牲となった。

２００６年に第１次安倍政権は教育基本法を改定し、教育の目標に国を愛する態度を養うことなどを盛り込んだ。「蕗原」の意義を問い直すことは、地域や個人が再び戦時下のように、国家にからめ捕られないようにするためには、どうするべきかを考えることにもつながる。

## 〈戦争で「愛国心の涵養《かんよう》」前面に〉

足元の地域を見つめ、地域づくりの担い手を育てる目的だった「郷土研究」と「郷土教育」。だが、１９３７年の日中戦争開戦を契機に、「郷土愛」「愛国心」の涵養が前面に押し出され、戦時体制を支えていく。

その一例が、太平洋戦争中の43年から東筑摩郡内で行われた「氏神信仰調査」だ。調査は、日本民俗学の祖として知られる柳田国男（１８７５〜１９６２年）の強い意向で始まった。柳田は、大正期から信州の教員たちと交流を深めていた。

伊藤純郎さんの研究によると、地元の東筑摩教育会の教員らが１７１の氏神の神社名や社格、氏子の数などを調べた。柳田は同年の講演で、この調査について「現在兵士の大部分を供給してゐる農村のその兵士とうれひを同じうする家庭が神様のことを考へてゐるかゐないかはまことに重大な事柄である。（中略）この信仰が生きてゐるならば日本には軍神に続いていくらでも喜んで死んで行く人が出て来るであらう」（「柳田国男全集31」所収）と話している。

柳田の意図は何だったのか。戦後、参加した教員の一人は、柳田と同教育会に関する座談会で、次のように答えている。「それは戦争完遂のためではないですか」

## 「先細り」する研究団体

「これも世の中の趨勢《すうせい》かな…」。２０１７年12月上旬、長野県近代史研究会の事務局を務める長野県短期大教授の横山憲長さんは、会の活動内容が載った「近代史研究だより」を手につぶやいた。

研究会は明治維新から１５０年となる２０１８年をもって、最後の論文集を刊行して活動を終える。理由は会員の高齢化だ。

研究会は１９６９（昭和44）年に発足。会員らが研究報告する年２回の例会を中心に活動し、政治や産業、教育や社会運動など、幅広い視野で信州の近代史研究を主導してきた。98（平成10）年の名簿には約70人の名前が並ぶが、現在は約40人。近年は例会の出席者が減り、報告者を含めて３人ということもあった。

高齢化が活動に影響を及ぼす例は、他にもある。49（昭和24）年以降、毎月史誌「信濃」を発行し続けている信濃史学会の会長、小松芳郎さん＝松本市文書館特別専門員＝によると、同会の会員は82年の１５８２人をピークに減少傾向が続き、現在は６００人弱だ。前会長の山浦寿《ひとし》さん（73）＝松本市＝が２０１３年に発表した調査では、県内の地域史研究団体・組織は大小合わせて１８７。その多くが高齢化や会員減に直面している。ただ、〝先細り〟の要因は、それだけではない。

## 地域史後世へ　続く模索

「超過勤務は月１２０時間ぐらい」。２０１８年1月6日に松本市内で開かれた、歴史を教える教員らの学習会の席上、30代の男性教諭が自らの勤務実態を明かした。中信地方の中学校に勤めるこの教諭は、部活動の指導などに多くの時間が費やされるため、「継続して地域の歴史を研究するのは難しい」とこぼす。

信州の教員は、戦前から地域研究を担い、戦後も「信濃史料」や「長野県史」編纂の中核となった。小学校教員出身の小松さんも「長野県史」や「松本市史」の編纂に取り組んできた。ところが「気付くと後ろには誰もいなくなっていた」。

教員の多忙化で研究の担い手が育たず、高齢化が進み、活動が停滞する—。こうした現状への危機感は強い。信濃史学会では、会員増と活動の活性化に向け、博物館の学芸員や図書館司書らに加入を呼び掛けている。17年には、会への要望や関心のある分野を把握するため、会員向けのアンケートを初めて実施した。小松さんは結果を基に「今後何ができるかを考えたい」と言う。

今、小松さんが見据えるのは、国主導の「平成の大合併」を経た自治体を中心に、今後始まるとみられる自治体誌の編纂だ。地域の行政文書や古文書を収集、整理、保存して研究する、文書館（公文書館）の機能や設立に期待する。史料の散逸を防ぐとともに、生の史料を用いた講座などで研究の担い手を育てられるからだ。「強引に合併させられた面があった旧町村の、それぞれの地域性を描くことが求められている」と話す。

長野県内で文書館は広がりつつある。既に２０１７年までに松本市や長野市、上高井郡小布施町が設置し、安曇野市で２０１８年10月開館。上田市も準備を進めている。

小松さんは、松本市文書館の特別専門員で、講座の講師も務める。「（研究の）マンパワーが減っている今、多くの人に関心を持ってもらうための情報発信に力を入れたい」と強調した。

明治維新以降、日本は海外への膨張を続け、１９４５年の敗戦に帰結する。戦後、信州の歴史研究に携わった専門家には、戦争と敗戦の経験を背負った人たちが多かった。

活動を終える長野県近代史研究会の代表委員で、長野県短期大学長の上條宏之さんは、国民学校４年生で敗戦を迎えた。

「日本には自前の民主主義はなかったのか、地域の民衆はどう主体的に近代化を成し遂げようとしたのか」との問いが、信州の民主主義や戦時体制の展開などの歴史研究へと向かわせた。

長野県近代史研究会が発行した「近代史研究だより」を手に取る横山憲長さん。「研究会での議論で、さまざまな刺激を受けた」と話す＝2017年12月

上條さんは戦前の郷土研究や郷土教育について、「大勢として自治権を国に保障させる方向でなく、天皇制の体系の中にとどまった。国家権力を疑う面が弱く、戦争に集約していく方向を食い止める力

にはならなかった」とみる。

それでも、地域史研究の必要を指摘する。地域には、「国史」には収まりきらない多様な事実があるからだ。

足元の歴史を見つめる意義とは、国家と私たちが生活する地域との間にある〝裂け目〟を意識することにほかならない。そのためにも上條さんは、研究団体のような場で、「向き合って議論し、自分の殻を壊す」ことが大事と考えている。県近代史研究会の活動は終えても、新たな歴史研究の組織づくりを模索するつもりだ。

### 〈飯田市歴史研究所　住民参加、活性化のヒントに〉

地域史研究活性化のヒントになりそうな施設として注目されるのが、飯田市歴史研究所だ。地域住民が「調査研究員」や「市民研究員」として携わるのが特色で、常勤研究員(5年任期)は30、40代と若い。飯田下伊那地域の歴史に関わる刊行物の発行にも、継続して取り組んでいる。

同研究所は、1997年に始まった市誌編纂事業をきっかけに、市が2003年に開設した。運営費は年6千万～7千万円ほど。史料の収集、保存と並行して、研究集会や年報を通じて成果を地域に還元する。近世史や満州移民研究のゼミナールなど、住民を対象とする学習にも力を入れ、飯田下伊那の歴史を研究する地元団体や大学生らへの助成制度も設ける。

「近現代史ゼミナール」の中心となっている田中雅孝さん（60）＝下伊那郡豊丘村＝は、非常勤の調査研究員の一人。ゼミでは、戦時期に下伊那郡河野村（現豊丘村）の村長を務めた胡桃沢盛《くるみざわもり》の日記や地元の新聞を基に地域史を探る。大正から昭和にかけての産業や生活の変化を住民から聞き取った結果をまとめた冊子「聞き書き　飯田町の暮らし」の刊行を2005年から続けている。

田中さんは「この地域は社会教育が盛ん。今後は公民館活動などとの横のつながりを強めたい」と意欲を見せた。

「聞き書き　飯田町の暮らし」第7集の内容や編集について話し合う飯田市歴史研究所「近現代史ゼミナール」の参加者たち＝2017年12月

# 第9章

# 座談会・明治から未来を描く

**出席者**

満蒙《まんもう》開拓平和記念館事務局長　三沢亜紀さん

日本女子大学教授　成田龍一さん

信州大学准教授　大串潤児さん

（司会・信濃毎日新聞編集委員　増田正昭）

2018年3月20日　収録

# 「近代」をどう見るか

**成田龍一さん―もたらした功罪考察を**
**三沢亜紀さん―光り輝くだけではない**
**大串潤児さん―世界史的視点が不可欠**

―皆さんが近現代史に関わるようになったきっかけを教えてください。

**三沢**　飯田に来て勤めたケーブルテレビ局の取材を通して、地域に残る「満蒙開拓」の歴史に出合い、大変な衝撃を受けました。（県内から全国最多の移民を送り出した歴史が）長野の人たちによく知られていないことも衝撃でした。

**みさわ・あき**　満蒙開拓平和記念館事務局長。1967年広島県生まれ。大東文化大卒。結婚を機に夫の郷里の飯田市へ。飯田ケーブルテレビで番組制作に携わり、2013年から現職。

ただ、少しずつ勉強してい

くと、長野の人だからこそ向き合いにくい歴史だったんだと思い至りました。満蒙開拓の歴史の深さや複雑さを学びながら、その歴史を残そうという思いで記念館の事業に関わっています。

**大串**　信州大に来て20年近くです。教員志望だった学生時代に、家永三郎さん（※１）の著書「戦争責任」を読みました。その中の『戦争を知らない世代』にも責任はあるか」という問いが、今の研究に携わる原点です。戦争を知らない自分が教員になって戦争をどう教えていくか―という意味で大きな出合いでした。

**おおぐし・じゅんじ**　信州大准教授。1969年東京都生まれ。一橋大大学院修了。著作に「『銃後』の民衆経験」、「戦後子ども論」（「シリーズ戦後日本社会の歴史4」所収）など。

戦後の長野県の人々は戦争や戦争責任をどう考えたのか―という問題意識から、下伊那の青年たちの議論を手掛かりに研究を始めました。

**成田**　私はお二人よりいくらか年長で、大学に入学したのは１９７０（昭和45）年です。進路を決める時、二つの大きな出来事がありました。一つは68年の「明治１００年」の動き。もう一つは市民運動や学生運動といったさまざまな社会変革の動き。目の前で起こっている変化について考え、「明治１００年」を政府が言祝《ことほ》ぐことに対する批判的な立場を築けるのではないかと歴史学を選びました。

―２０１８年は「明治１５０年」です。このスパンで近現代史を見る意義はどこにあるのでしょうか。

**成田**　「明治１００年」の時は、政府と歴史研究者が「明治」の歴史を挟んで賛成、反対と対峙《たいじ》しました。当時は「明治維新は継続している」という意識が強く、維新を考えることにアクチュアリティー（現実性）があったからです。一方、「明治１５０年」はそうではありません。多々あるイベントの一つのようです。維新で目指したものが一回りし終わったという意識が強いよ

**なりた・りゅういち**　日本女子大教授。1951年大阪市生まれ。早稲田大大学院修了。著書に「大正デモクラシー」「〈歴史〉はいかに語られるか」「戦後史入門」など。

うに見えます。

**大串**　確かに政府主導の「明治150年」は盛り上がっていませんね。ホームページで各地の関連イベントを紹介していますが、地域によって「戊辰《ぼしん》戦争150年」もあれば「明治維新150年」もある。統一が取れていません。「明治150年」は積極的な歴史像になっていない印象です。

**三沢**　一般的には「今年の大河ドラマは『西郷《せご》どん』だよね」という程度の関心のような気がします。

**成田**　西郷隆盛（※2）が主人公ですね。「明治100年」の時の大河は、坂本龍馬が主人公でした。その頃は高度経済成長期で、龍馬のような前向きな人物が好まれたのでしょう。日本がグローバリゼーションの中で大きく変わろうとしている今とは、人物の選択に違いがありますね。

**大串**　西郷は、軍国主義と同時に、「もう一つの維新」への待望、また近代に虐げられた者の象徴のようにも見えます。日本の近代は、資本主義化であり、立身出世主義でした。当然、そこからこぼれ落ちる人々がいます。

**三沢**　こぼれ落ちた人たちはどうなったのだろうと考えます。明治維新は、近代化の夜明けとして何となく光り輝くものと思っていましたが、今は一般の人の間でも、それだけではないという意識が少しずつ広がっているように思います。

私自身も満蒙開拓を勉強する中で疑問を持つようになりました。満州（現中国東北部）で現地の人たちを差別的に扱った歴史を知ったからです。遣唐使のように、アジアからいろんなことを学んでいた時代もあったのに。

**成田**　「明治150年」を考えるとき、これまで目標としてきた近代の意味と、今が転換期であることを考えるという二つの要素があるでしょう。近代の目的は、江戸時代までと違ってナショナリズムに基づく国民国家をつくり、資本主義を発展させ、それを支える自立した個人をつくりだそうというものでした。ところが、希望だったはずの近代が実際に展開していくと侵略につながってしまった。今はそうした認識を経て、近代そのものを問い掛ける時期なのだと思います。

――「明治150年」は近代の意味を問い直す局面ということですね。

**成田**　近代がもたらした功罪の考察が必要です。「明治100年」の時は、社会の息苦しさはまだ「近代が足りない」からだと思われていました。もっと近代化すれば貧困やさまざまな社会問題は解決するはずだということです。ところが今は、近代ゆえの息苦しさ、という意識が濃厚になっています。

**三沢**　日本が戦争や植民地主義に向かったのは、維新が当初、目指したのとは違う方向に向かったということなのでしょうか。アジアに行く前から北海道や沖縄への侵略、植民地化が進められますよね。

**成田**　鋭い問題提起です。日本近代の１５０年を改めて振り返ると、初発から植民地的な行動を伴っていたということですね。つまり、国民国家をつくることと、対外的な侵略をすることは、同時進行の過程であるということです。

**大串**　「明治１５０年」を問う時に、三つの視点が重要だと思います。一つ目は「世界史の中の日本近代」という視点です。植民地主義の展開を考える上でも世界史的な視野は欠かせません。次に、私たちが生きているコミュニティーなど「人々のつながり」をどう評価するかという視点。伝統社会が近代になってどのように崩れ、また崩れないまま残っているのか。三つ目は「自然環境との関わり」です。幕末維新期は地震が頻発し、長野でも１８４７（弘化４）年に善光寺地震が起きています。こうした中で明治維新の社会変動は起きていく。東日本大震災を経た今は、これも重要な視点だと思います。

※１　**家永三郎**　日本史学者。１９１３（大正２）年生まれ。国による教科書検定を違憲と訴えた「教科書裁判」の原告。２００２年死去。

※２　**西郷隆盛**　１８２７（文政10）年、薩摩藩（現鹿児島県）生まれ。明治維新の指導者で、新政府の参議を務めた。１８７７（明治10）年、政府に不満を持つ士族に推されて西南戦争を起こし、敗死した。

## 明治維新と平成までの日本の歩み

| 西暦 | 和暦 | |
|---|---|---|
| 1853年 | 嘉永 6 | ペリー来航 |
| 67 | 慶応 3 | 大政奉還 |
| 68 | 慶応 4 | 戊辰戦争起こる<br>元号を明治と改める |
| 89 | 明治22 | 大日本帝国憲法が発布 |
| 94 | 明治27 | 日清戦争（～1895 年） |
| 1904 | 明治37 | 日露戦争（～1905 年） |
| 14 | 大正 3 | 第 1 次世界大戦に参戦 |
| 23 | 12 | 関東大震災 |
| 31 | 昭和 6 | 満州事変始まる |
| 37 | 12 | 日中戦争始まる |
| 41 | 16 | 太平洋戦争始まる |
| 45 | 20 | 敗戦、連合軍による占領 |
| 47 | 22 | 日本国憲法発布 |
| 52 | 27 | サンフランシスコ講和条約発効、主権を回復 |
| 72 | 47 | 沖縄本土復帰 |
| 95 | 平成 7 | 阪神大震災。地下鉄サリン事件 |
| 2011 | 23 | 東日本大震災、福島第 1 原発事故 |
| 15 | 27 | 安保関連法成立 |
| 16 | 28 | 今上天皇が退位の意向を発表 |

# 近代日本の戦争

**成田さん—「帝国責任」を考えねば**
**三沢さん—近隣諸国との対話必要**
**大串さん—平和思想深化も忘れず**

—日本の近代は戦争を抜きに語れません。

**大串**　歴史の中にあるさまざまな選択肢を、誰が、どうして、いつ選ぶのか、ということを丁寧に議論した方がいいと思います。日本には、維新の前から大陸進出を考える思想家もいたけれど、そういった考え方が全体を決定づけていたわけではないでしょう。最初から戦争に向けて自動機械のように動いているというよりは、いろいろな選択肢の中で、なぜあの道を選んだのかが問題です。

**成田**　良いと思って選んだはずの結果が、この（戦争という）結果なんですね。誰しも戦争をしようと思って、その道を選択するわけではない。自分の生活をより良くしたいという思いが、日本人のために、日本国家のためにということと重なったとき、国民国家が帝国となり、戦争をもたらしました。生活を根拠とした営みですが、他者に無自覚な選択であった点に要因があるのでしょう。

**大串**　私は（1870年代に琉球王国を併合した）琉球処分から日清戦争までの時期が一つのターニングポイント（転機）だったという印象を持ちます。世界史、東アジア史から見ても重要です。琉球の領有問題に決着がつき、台湾も領有することになった。すると今度は植民地を持ったがゆえに、それを守ろうとする戦争が必要になる。後には、朝鮮半島支配の安定、そのための満州（現中国東北部）支配の安定と、次々に戦争熱が出てきた。

**三沢**　坂本龍馬が蝦夷《えぞ》地（北海道）に浪士を送り出すことを企てていたり、吉田松陰がアジアの土地を日本が手に入れるべきだと考えていたり、明治のちょっと前から、そういう意識があったんだと最近気付きました。

**成田**　日本は、北海道や沖縄も内部的な植民地にして国民国家をつくった。それが台湾、樺太、朝鮮半島…と、どんどん拡大した。つまり植民地を持ち続けた150年だと言うことができる。日本が特殊なのではなくて、近代は初めから植民地を持つような帝国状態をつくり出すプロジェクトでした。近代の価値を自覚する「われわれ」は文明、知らない「かれら」は野蛮。野蛮な人たちを文明化していこう、「われわれ」の中に彼らを「準われわれ」として組み込んでいこうとした。そういう過程が近代のプロセスだということになるでしょう。

**大串**　戦争と言ったとき、今の学生たちはどうしても第2次世界大戦か、現代の対テロ戦争を思い浮かべます。しかし他にも帝国主義諸国による植民地の先住民への一方的な殺戮《さつりく》といった戦争もある。日本も台湾や満州に出動し、治安維持ということで討伐作戦をする場合がありました。松本にあった陸軍の連隊も警備という名目で、頻繁に中国大陸に派兵されていました。それも戦争の一つです。

**成田**　この150年、戦争の時期は特別な時期ではなかったのではないか。実際に「戦闘」をした時期は日清戦争、日露戦争、アジア太平洋戦争などでしたが、実は150年間、ずっと戦争状態だったと考えられるのではないでしょうか。

近代は、戦闘を伴わなくても戦争を常に含んでいるんだと考えると、「戦争があって、戦後は平和になりました」とは言えない歴史認識が生じてきます。そういう時代を、私たちは生きていると言えます。

――戦争や植民地支配の歴史に、どう向き合ったらいいのでしょうか。

**成田**　アジア太平洋戦争を中心に、「戦争責任」が長いこと議論されてきました。誰に戦争責任があるのかということや、私たちにも戦争責任があるのではないか――という議論が積み重ねられてきていると思う。ところが植民地支配や、満蒙開拓のような形での侵略の責任は、なかなか議論されてきませんでした。しかし、両者は決して切り離せません。私はそれを「帝国責任」と呼びたいと思います。今や、戦争と植民地を合わせた帝国責任を、考える必要があると思います。

**大串**　責任という意識は、歴史の中で何ごとかを自分が選択し、そのことの行く末を合わせて考えるという意識ですね。

先ほど選択肢と言いましたが、戦争と同時に、平和思想が深化していったことも見ておいた方がいい。例えば、日露戦争から第1次世界大戦前夜の時期に社会主義者が世界的に連帯して戦争に反対したり、日本では松本出身の木下尚江（1869～1937年）らが反戦・非戦を唱えたりしています。その後も海外に領土を求めない「小国主義」などの思想が、ちょっとずつですが流れています。そうしたオルタナティブ（別の選択肢）があったことも、忘れてはいけません。今はそれを発信しづらい時代ですが。

左から大串さん、成田さん、三沢さん

**三沢**　これから必要なのは、中国や韓国など近隣諸国との対話ではないかと思います。お互いに正義を振りかざすのではなく、イデオロギーを超えた話し合いが重要です。記念館としても、特定の考えを押し付けるのでなく、個別の事例に即した学びを多くの人たちと一緒にしていきたい。そうした取り組みを通して、マイノリティー（少数派）と言われる人たちが緩やかにつながる社会を目指すべきでしょう。

## 信州の民衆と国家

**成田さん——「中間団体」が個人抑圧**
**三沢さん——「お国のため」意識強く**
**大串さん——満州移民反対の声沈黙**

——明治維新以降、国民国家化や資本主義の流れに地域はいや応なく取り込まれていきます。信州の民衆にとって、この150年はどんな時代だったのでしょうか。

**三沢**　長野県の人たちはとても勉強熱心です。それぞれの時代で、自分はどう生きるべきか、国はどうあるべきかを一生懸命考えたのだと思います。幕末の下伊那で広まるのは平田国学（※3）です。後に下伊那からは「満蒙」へ多くの移民が送り出されます。平田国学が盛んだったことと無関係ではないと思うのですが。

**成田**　貧困から脱却し、より良い生活を志そうというのがこの150年の人々の営みだったと思います。当初は、地域でのさまざまな共済組合、団体によって、生活の向上を目指します。平田国学もまた、その一つであったのでしょう。彼らは社会を変えることで、人々がより豊かに、より自由に生きられる道を探った。国学者たちは、地域の人と不断の交わりを持っている知識人だったのでしょう。

**大串**　確かに国学者は地域のサブリーダーとして民衆に近いところにいたと思います。しかし、島崎藤村（1872～1943年）の小説「夜明け前」で、平田国学に傾倒する主人公青山半蔵は、「御一新」（明治維新）への民衆の無関心に突き当たって、もっと皆が喜ぶかと思った―と言いますね。つまり、国学者と民衆との間に矛盾があったのではないでしょうか。また幕末に国学が出てくる背景は「地域をよくする」というより、村の秩序が混乱し始めていることへの危機感の方が強いという印象です。

**成田**　大串さんの言う青山半蔵の苦悩とは、1930年ごろの島崎藤村の苦悩でしょう。藤村は自らの苦悩を、青山半蔵の苦悩に託しました。言葉を換えれば、恐慌下のサブリーダーの苦悩と自らの苦悩を重ね合わせ、転換期の地域を描きました。下伊那で平田国学が盛んであったこと、その過去の文化資産を再解釈して、30年代の状況の中で作品化したのですね。

**三沢**　下伊那郡河野村（現豊丘村）の村長だった胡桃沢盛《くるみざわもり》が、悩み抜いた末に満州（現中国東北部）への分村移民を決めるのは１９４３（昭和18）年です。彼は、青年時代に（地元の青年たちが自主運営した）自由大学で経済学や哲学を学びました。広い視野を養っていたはずなのに戦争に巻き込まれ、分村を決意する。良かれと考えた上での選択が裏目に出てしまったのが満蒙開拓だったように思います。

**成田**　満州への移民という道を選ぶには、いろいろな迷いがあったはずです。それを振り切る手だてとしたのが国学や（満州国が理念に掲げた）「五族協和」の思想だったのではないでしょうか。

―恐慌下の信州の経済は深刻でしたが、地域には移民以外の道もあったはずです。

**大串**　長野県内で盛んだった養蚕業は経費を前借りするので、繭《まゆ》の値段が上がらないと借金を返せない。養蚕偏重で米を買わなくてはならない農家も増えている。こうした時に恐慌が襲うわけです。ではどうするか。貧困の理由を地域内の階級対立や、都市と農村の対立として捉え、解決を模索します。さらに、海外に土地を求めればいいという侵略衝動も出てくる。例えば、小県郡浦里村（現上田市）などでは、自立した経営の農家をつくる動きが出ますが、成り立たない小さな農家は満州へ―となった。反対する声は弾圧で沈黙し、選択肢は狭められていきます。

**成田**　日本の特徴は「中間団体」が個人を抑圧するところです。中間団体とは、地域の青年団や婦人会、産業組合などのこと。家も含まれます。近代の要件の一つは「個人」の誕生ですが、こうした中間団体が、絶対に個人を浮かび上がらせないように機能してしまいました。

**三沢**　満州への移民でも中間団体が大きな役割を果たしました。地域の中間団体のリーダーたちが、まさに送出側、勧誘側として動きます。

―個人を抑圧するものには、天皇を絶対視する「国体」の思想もありました。

**大串**　「国体」という言葉それ自体には、人々に理解できる具体的内容はないと思います。むしろ生活レベルで人々の立ち居振る舞いを規制する形で現れてくるようなものでした。「国体」の内容が人々を捉えたというより、国家と個人をつなぐメカニズムとしてどう機能したのか―といった捉え方をした方がいい。

**成田**　ただ、国体が強力に人々を求心する時期があります。天皇のために「死ね」「死ぬ」と声高に唱えた戦時期です。人々が国体を身体化、内面化してしまいます。竹内好（佐久市出身の中国文学者）は、批判的観点からですが、一木一草に天皇制がある―と言いました。

**三沢**　満州移民の後半の時期には「お国のため」という意識が強くなったと思います。他の選択もあったのに、搾り出すように満州へと送り出すエネルギーは、やはり戦争遂行の意識だったと思います。最終的にソ連軍の侵攻で満蒙開拓の人々は大変なことになりますが、関東軍の守備範囲は南へ移っていました。理由は「国体護持」。それだけです。軍が守ろうとしたのは国民ではなく国と国体。国体って何なのだろうと考えさせられます。

※3　**平田国学**　平田篤胤（あつたね）（1776〜1843年）が興した国学。天皇を中心とする国粋主義的な面が強かった。尊王攘夷（じょうい）運動や、「王政復古」を掲げた明治維新の原動力になったとされる。一方、庶民を救済する「世直し」の動きにつながったとの指摘もある。第5章・天皇神格化への道「下伊那に広がった平田篤胤の思想」（96〜101ページ）参照。

# 近現代の歴史どう伝える

## 成田さん─未来のため過去と対話
## 三沢さん─具体的な史実に出合う
## 大串さん─生徒自ら考える授業を

─満蒙開拓には「被害」と「加害」の両面がありました。平和記念館では、加害の歴史を子どもたちにどのように伝えていますか。

**三沢**　ことさら加害の歴史を強調しているわけではないんです。満州（現中国東北部）への移民を体験した人の苦しみや悲しみに寄り添いながら、史実をたどっていけば、加害の歴史も自然に伝わります。

中学3年生の感想文に、日本がどれだけひどいことを「されたのか」ではなく、「したのか」がよく分かりました、と書いてありました。具体的な史実に出合ったとき、柔らかな感性を持った子どもたちの良心が許さないのだろうな、と思いました。加害の歴史を学ぶのは自虐的だ、と言う人もいるかもしれませんが、過去に向き合う勇気こそが誇りであり、そうした大人の姿勢を示すことが大切ではないでしょうか。

**成田**　戦後70年以上がたち、生々しい体験は語られなくなった代わりに、いままで教えられなかったり、考えられなかったりする歴史の両義的な側面が、よりはっきりと見えてくるようになった。そこを意味付け、伝えていく新たな時期に入ったと見ています。「自虐史観」という言い方は、歴史の一面しか見ていないですね。

**大串**　長野市の中学校で、ある先生が満州移民を教材に「君は満州に行くか?」と問い掛ける授業を行いました。この問いの優れた点は、生徒自身が歴史の中でどうするかを考えねばならないところにあります。と言っても、当時は現在と同じ社会ではないので、その時代にできたこと、できなかったことがある。単に問い掛けるだけではだめで、当時の社会や歴史を構造として捉える必要がある。まさに歴史を両義的、複層的に捉える試みだと思います。

―近隣諸国との間で歴史問題が尾を引く中、「他者」をどう捉えるかが問われていますね。

**三沢**　学校の人権教育で満蒙開拓の話をすることがあります。そこで一番大事だと思うのは、歴史を知ることです。「他者」の歴史を学ぶことが差別の克服や人権の尊重につながっていく、と。

**成田**　大賛成です。「明治150年」と言うと、日本人のアイデンティティーを考えることだと長らく思われてきましたが、そうではない。他者との出会いこそが、歴史を考えることの根幹にあるべきでしょう。

劇作家の鄭義信《チョンウィシン》さん（※4）に「焼肉ドラゴン」という作品があります。高度成長期の関西に住む在日の人たちの生活のひとこまを切り取った物語ですが、過去を語りながら同時代史を紡ぎ、過去が現在と関わる重みが見えてくる作品です。若い人にぜひ見てほしい。

**大串**　ある高校の授業で、下伊那郡天龍村の朝鮮人の歴史を取りあげました。天龍村には、建設の仕事で戦前から朝鮮人が住んでいましたが、戦時期に国策として平岡ダムの建設が進められ、さらに全国から朝鮮人が集められる。また中国人や英国人捕虜なども連行されてしまいました。敗戦後、朝鮮人の人たちは学校をつくるのですが、1949年に閉鎖されてしまいます。その後は、日本人の学校で学ぶこととなりました。

他者と共に存在した一つの地域の具体的な歴史を学ぶことで、高校生たちはいろいろな

2017年8月11日、下伊那郡阿智村の満蒙開拓平和記念館で開かれた「鎮魂の夕べ」。開拓団員だった人々が若い世代と水ギョーザを一緒に作って交流、満州からの引き揚げ体験を伝えた

ことを感じてくれたと思っています。長野県内の事例を取っても、やれることはたくさんあります。

―戦後73年となり、戦争を知る人が少なくなってきました。歴史の当事者から体験を聞き取り、伝えることの重要性が増しています。

**大串**　2007年10月、飯田市で「満蒙開拓を語りつぐ意義と可能性」と題したシンポジウムがあって、その時、人々の人生を「丸ごと聞き取ることが大事だよね」という議論が出ました。

例えば、戦争体験はその人の人生

のごく一時期でしかありません。聞き取りに行く人は、目的を持って行くので部分だけ切り取って終わり、ということになりがちです。じっくり腰を据えて聞き取るということが、大切なのではないでしょうか。

**三沢**　確かに聞き取りが難しい時代になった面はありますが、一方で戦争末期に子どもだった人が、近年になって、満蒙開拓の体験を語り始めました。子どもだったからこそ大人がやっていたこと、体験したことを率直に語れる面があって、いままでになかった証言が聞かれるようになった。そうした人たちの話をじっくり聞いて、伝えていく、そのことも記念館の務めだと思っています。

**成田**　当事者から体験を聞き取るオーラルヒストリー（※５）は、聞き手はもちろん、それを読んだ人も、出来事の重みを共有します。出来事を聞いた人や読んだ人も、いわば歴史の「当事者」だ、と捉えることができます。そう考えると、出来事を引き受けて「当事者」になる、という営みと認識が大切です。言い換えれば、過去と対話をした瞬間から歴史が「いま」になり、私をつくる一部になる。未来を語るためにこそ、過去との対話があります。歴史を学び、伝える営みは、その意味でますます重要になってくると思います。

※4　**鄭義信**　劇作家。1957年、兵庫県姫路市生まれ。在日韓国人3世。ヒット映画「月はどっちに出ている」「血と骨」などの脚本を手掛ける。作・演出を担当した2008年上演の舞台「焼肉ドラゴン」は各種演劇賞を受賞した。映画は2018年6月に公開された。

※5　**オーラルヒストリー**　歴史研究などの一手法。文献史料にない事実や本人しか知らない情報を得られる一方、後からの記憶や知識が交じることなどがあるため、事実関係の裏付けが難しいといった側面もある。

# むすびに

本書の元になった信濃毎日新聞の連載「維新の残響―150年目の国と郷《さと》」は、2017年1月3日から18年3月31日までの間、朝刊文化面に35回にわたって掲載された。文化部の上野啓祐、渡辺知弘の両記者と、編集委員の増田正昭の3人が取材、執筆に当たった。デスクは、スタートから17年9月までを文化部の三村卓也、同年10月から最終回までを佐古泰司が受け持った。

本書の章立てでいうと、上野が2、3、4、5、6章、渡辺が1、3、4、8章、増田が5、7章を、一部分担しながら執筆している。構成上、連載の全てを収録しておらず、順番の入れ替えも多少あるが、より読みやすくしたつもりである。

連載を始めるに当たって、取材班メンバーは議論を重ね、次のような問題意識を共有するようになった。

日本の近代の起点となった明治期は、新しい歴史の幕開けであった。だが、一方でアジア・太平洋戦争へと続く「負の種子」を胚胎していたのではないか、それは戦後70年を過ぎた今日にまで影を落としているのではないか。これを検証してみることが本書の原点となった。

長野県で起きた歴史上の事件を掘り下げるとともに、今日のさまざまな問題―例えば、「共謀罪」の趣旨を含む改正組織犯罪処罰法の成立、政治家による教育勅語の再評価等々―の背景を、維新以来150年のスパンで捉え返す試みでもあった。

こうしたアプローチには、歴史上の出来事を都合のいいようにつなぎ合わせているのではないか―といった批判が予想された。そうした議論を踏まえ、取材に当たっては、専門家の知見を導きの糸にして、今起きていることと過去とのつながりを、史実に即して丹念に紡ぎ出すことに留意した。

その際、大きな力になったのは、通史の「長野県史」だった。明治以降の思想や制度が地域社会にどのような影響をもたらしてきたのか、過去の豊富な研究成果と突き合わせながら跡付けることができたと思う。

振り返ってみると、明治・大正時代には自由民権運動や大正デモクラシーといった、国家に対して個人の権利を求める機運が盛り上がった時期があった。同時にそれは、さまざまな抑圧を受けるなかで、最終的には国家にのみ込まれていく、民主主義にとっての「敗北の歴史」でもあった。今日も、民主主義を危機にさらし、個人の権利を制限するような動きが見られる。どこか重なるところがあるのではないか。連載を終えての率直な思いである。

第7章「マツシロから見えるもの」について、若干付記しておきたい。

2018年6月、松代大本営建設に動員された朝鮮人労働者約2600人の名簿が発見され、信濃毎日新聞が報道した（6月22日付朝刊）。松代大本営研究を巡っては、文献史料が乏しく、近年は元朝鮮人労働者の証言もないことから、第一級の史料と言える。研究者による分析が進むことを期待したい。と同時に、既存の証言や史料から研究を深めていくことが急務だと感じている。

軍事力と警察力を背景とした日本の植民地支配の下で、多くの朝鮮人労働者が「国体護持」のために大本営工事に動員された。離脱の自由といった選択の余地はなく、言動は憲兵のスパイに監視されていたことなどが明らかになっている。現場の朝鮮人労働者にとって、大本営工事は「強制労働」そのものだったと見るべきだろう。

第9章の座談会で、日本女子大教授の成田龍一さんは、明治以降の近隣諸国に対する植民地支配と戦争の歴史を一体のものとして捉え、「帝国責任」という考え方を提示された。

近隣諸国と共存していく上で欠かせない視点だと思う。本書に登場する身近な史実は、日本の近代が残した倫理的課題と向き合うことを、私たちに迫っている。

本書は歴史の専門書ではない。現在と過去を結ぶ線＝「明治維新の残響」を、地方紙の記者の目で探った「歴史ルポ」である。残響は、ときにかすかに、ときに大きく、あるいは通奏低音のように今日に尾を引き、戦後憲法が目指してきた世界と不協和音をつくっている。取材を通して聞いた残響が読者の皆さんに伝わったかどうか、批判を含めて感想をお寄せいただければ幸いである。

最後に、素人の私たちの質問に丁寧に答えてくださった研究者の方々、地域で地道な史跡保存や歴史の掘り起こし、戦没者の慰霊などを続けてこられた皆さんに心から感謝を申し上げたい。

２０１８年10月

信濃毎日新聞社編集局　編集委員　増田正昭

書籍編集　伊藤　隆
帯デザイン　近藤弓子

日本音楽著作権協会（出）許諾第 1810574－801 号

Shinmai Sensho
信毎選書　28

明治維新の残響
近代化が生んだこの国と地方のかたち

2018 年 11 月 9 日　初版発行

編 著 者　信濃毎日新聞社 編集局
発 行 所　信濃毎日新聞社
〒380-8546　長野市南県町 657
電話 026-236-3377　ファクス 026-236-3096
https://shop.shinmai.co.jp/books/
印刷製本　大日本法令印刷株式会社


ISBN978-4-7840-7340-5 C0321